担任・新任の強い味方!!

これ1冊で
子どもノリノリ
音楽授業の
プロになれる
アイデアブック

高見 仁

明治図書

はじめに

　私は現在大学で，先生の卵である学生たちを教えていますが，それ以前は18年間小学校教師をしていました。音楽専科も担任も経験しました。1年生〜6年生までの全学年の児童や，小学校と同じ敷地内に併設されている幼稚園の子どもたちも指導してきました。

　その現場経験の中で，「楽しい音楽授業は，信頼関係のあるクラスづくりにつながり，それによって他教科の指導もうまくいく効果がある」ということを何度も何度も実感してきました。「よいクラスかどうかは，子どもたちに歌わせてみるとよく分かる」という先生もたくさんいらっしゃるほどです。

　それほどまでに重要な意味を持つ音楽授業なのですが，これに苦戦されている先生もたくさん見受けられます。正直いって私も，うまく授業ができなかったことが何度となくありました。しかし失敗にくじけず，反省しながら挑戦を続けると，微力な私でも少しずつ音楽授業のコツのようなものが分かってきました。

　私がつかんだものは，「音楽指導のネタ」はもちろんのこと，「4月の授業開きにこそ成功の秘訣があること」や，「教師の言葉かけ・パフォーマンスのコツ」……等々，数え上げたらきりがありません。これら私が獲得したコツや方法は，自分で考え出したものもありますが，勤務地の先輩方の授業やアドバイス，あるいは「音楽授業づくりの著書や論文」（本書でも多数紹介します）に学び，それを実践してみて体で覚えたことも数多くあるのです。やはり，授業実践に真正面から向き合い，子どもたちと同じ土俵で音楽活動をすることによってのみ，教師は成長し楽しく充実した授業ができるようになるのでしょう。

　そこで今回，私の拙い実践の中から，実際に成功した音楽授業の方法やコツを選び出し，著書という形でご紹介することにしました。

本書をつくるにあたって，念頭に置いたことは，次の3点です。

> ① これ1冊で，歌唱・器楽・音楽づくり・鑑賞，どんな活動においても楽しい音楽授業がつくり出せる「ネタ集」のような本にすること。
> ② 指導案の書き方，授業研究の方法，授業開きのコツ，よい音楽授業をするためのトレーニング方法等，音楽活動を支える教育技術のポイントを提示すること。
> ③ ピアノが弾けない先生でも音楽授業ができるように配慮すること（本書の楽譜にはコードネームをつけ，ギター等でも授業ができるよう工夫しました）。

「大切だと分かってはいるんだけど，音楽授業づくりにまで手が回らない」とおっしゃるお忙しい担任の先生，「音楽はどうも苦手で……」とおっしゃる音楽経験の少ない先生，「学生時代あまり音楽授業を見てないのでイメージがわかない……」とおっしゃる新人の先生。このような方々にこそ読んでいただきたい，いわば，「少しの工夫で音楽授業が楽しくなる！ヒント集！」といったコンセプトで本書を著してみました。

ささやかな内容ではありますが，楽しく充実した音楽授業をつくりたいと願っておられる先生方のお役に立つことができれば望外の喜びです。

2010年4月

高見 仁志

はじめに 3

担任だって新人だって怖くない！
新しい音楽授業づくりの提案

- ❶ 音楽のプロじゃなくても音楽授業のプロにはなれる！ ……… 11
- ❷ 音楽の授業では何を目指すの？ ……………………………… 13
- ❸ 音楽科 学習指導要領 改訂のポイントを押さえよう ……… 15
  - (1) 歌唱・器楽・音楽づくり・鑑賞に分けて内容が示された ……… 15
  - (2) 〔共通事項〕が示された ……………………………………… 15
  - (3) その他の改訂ポイント ……………………………………… 17
  - (4) これからの音楽授業のあり方 ……………………………… 18

授業力をアップする7つの原則
―これだけは身につけたい基本＆レベルアップのコツ―

- ❶ これだけで音楽授業がグンと変わる！2つの原則 ……… 20
  - (1) 「教授行為」を，役割や機能別に分ける発想を持とう ……… 20
  - (2) 音楽授業における教授行為を知ろう ……………………… 21

❷ 音楽授業がレベルアップするプロの技！5つの原則 …………… 24
- (1) 指示したことには必ず評価をする ……………………………………… 24
- (2) 音楽を通した働きかけを多くする ……………………………………… 25
- (3) 一時に一事の法則で，短く的確な言葉を用いる ……………………… 26
- (4) ポイントを焦点化して指導する ………………………………………… 27
- (5) 順序性を明確にして指導する …………………………………………… 28

❸ 音楽授業でプロ教師になるためのトレーニング法 …………… 30
- (1) 「子どもの状況を把握する力」を伸ばすトレーニング法 …………… 30
- (2) 「推論する力」を伸ばすトレーニング法 ……………………………… 32
- (3) 「見通しを持った判断をする力」を伸ばすトレーニング法 ………… 35
- (4) 教授行為の技術・ネタを身につけるためのトレーニング法 ………… 37

CHAPTER III 楽しい音楽の授業をつくる とっておきの実践アイデア

❶ 4月が肝心！成功する「音楽科授業開き」のアイデア ………… 40
- (1) 楽しい音楽授業の3原則：「笑い」「全員性」「音楽の心地よさ」……… 40
- (2) 4月の音楽授業で心がけたいこと ……………………………………… 42
  - その1　音楽ゲームで「共有」体験！ ………………………………… 42
  - その2　キーワードは「つながる」 …………………………………… 46
  - その3　子どもの意識改革 ……………………………………………… 48

❷ 活動別　楽しい音楽授業をつくる実践アイデア ………… 52

歌唱 の授業アイデア

(1) 響く歌声づくりのコツ ……………………………………… 52
(2) 呼吸法と歌う姿勢の指導のコツ …………………………… 54
(3) 歌唱指導の効果的な指示 …………………………………… 56
(4) 「斉唱」から「合唱」へつなげる指導 …………………… 58
(5) 歌唱指導のミニネタ集 ……………………………………… 64

器楽 の授業アイデア

(1) 打楽器指導 …………………………………………………… 66
　その1　主な打楽器の奏法と遊びのネタ …………………… 66
　その2　子どもがのってくる打楽器指導のポイント ……… 71
(2) 鍵盤ハーモニカ指導 ………………………………………… 73
　その1　最初の指導 …………………………………………… 73
　その2　指づかい ……………………………………………… 75
(3) リコーダー指導 ……………………………………………… 78
　その1　導入期 ………………………………………………… 78
　その2　ある程度音を覚えてからの指導 …………………… 81
(4) 合奏指導 ……………………………………………………… 85
　その1　指導するまでの準備のポイント …………………… 85
　その2　指導の順序 …………………………………………… 89
　その3　全体練習のミニネタ集 ……………………………… 92

音楽づくり の授業アイデア

- (1) 即興で楽しめる音遊び ……………………………………………………… 94
- (2) ボイスアンサンブルとボディパーカッション ……………………………… 97
- (3) 子どもがよろこぶオリジナル絵かき歌 ……………………………………… 99
- (4) 曲づくりのコツ ………………………………………………………………… 102
  - その1 歌をつくってみよう（メロディーライティングのコツ）……… 102
  - その2 伴奏をつくってみよう ……………………………………………… 105
- (5) 様子をイメージした音楽づくり ……………………………………………… 108

鑑賞 の授業アイデア

- (1) 鑑賞の授業で心がけること …………………………………………………… 114
- (2) 耳に全神経を集中させるよう仕組む ………………………………………… 115
- (3) 聴き分ける・聴き比べる活動を仕組む ……………………………………… 117
- (4) 情景等を思い浮かべて聴く活動を仕組む …………………………………… 120
- (5) 「音楽を形づくっている要素」を聴き取る活動を仕組む ………………… 122
- (6) 鑑賞の幅を広げさらに興味関心を高める活動を仕組む …………………… 124
- (7) 聴いて知覚・感受したことを表現させる活動を仕組む …………………… 126
  - その1 子どもたちが能動的に聴くための工夫あれこれ ……………… 126
  - その2 鑑賞指導で子どもに表現させるポイント ……………………… 130

❸ スタートで差をつけよう！指導案作成の具体的プラン ……… 131
  (1) 指導案に関するびっくりするような事実 ………………………… 131
  (2) 「音楽科の教育内容」と「子どもの実態」を関連づけた書き方の例 … 132
  (3) 「指導上の留意点」書き方のコツ ………………………………… 134

付録・年間指導計画作成例　第1学年〜第6学年　137
おわりに　143

CHAPTER I 担任だって新人だって怖くない！
新しい音楽授業づくりの提案

 音楽のプロじゃなくても音楽授業のプロにはなれる！

　私の知りあいのA先生は，ソナタを華麗に弾きこなす程のピアノの腕前で，学生時代にも多くのステージをこなしてきた方です。一方，これも私の知りあいのB先生は，ピアノはバイエル50番程度で，大学時代ステージを踏んだ経験もなかったとおっしゃる方です。一般的には，A先生の方がB先生より素晴らしい音楽授業をされると考えられがちです。しかし事実は逆なのです。B先生の音楽授業の方が，子どもがいきいきとして歌い，演奏し，音楽を楽しむのです。

　なぜこのようなことが起こるのでしょうか？　それは，次の点においてB先生の方がA先生より勝っているからだ，と私は考えています。

① 音楽科の目標・ねらい等に関する知識
② 教師の働きかけに関する知識・技術
③ 音楽授業づくりのための準備・トレーニング
④ 音楽授業のネタ（指導法）に関する知識・技術

　これらに関して，B先生は少しの工夫をすることによって，楽しい音楽授業を日々展開されているのです。読譜力，演奏能力等はA先生より低くても，音楽授業においてはプロなのです。このような例は，私だけでなく多くの教師が経験的に知っていることではないでしょうか。

　このことに関して，八木正一氏は次のように述べています。「ちょっと工夫し，ちょっと考えれば，子どもたちの宝になるような，さまざまな音楽の授業をつくることができるのです」（八木正一『アイデア満載！たのしい音楽授業づくり４つの方法』日本書籍，1989）。

　つまり，音楽のプロでなくても音楽授業のプロにはなれる！のです。大切

なことは，音楽授業を「考え」「工夫」して「つくり出す」ことだといえるでしょう。

　しかしながら特に担任の先生は，他にも国語科，社会科，算数科等，たくさんの授業をかかえ，音楽授業をつくる時間を捻出するのに四苦八苦されています。また新人の先生は経験が浅く，これまで音楽授業のよいモデルを見る機会も少なかったのではないでしょうか。

　そこで本書では，そういった先生方のお役に少しでも立てるよう，前述の4点に関して次のような内容を，楽譜や写真を満載して具体的に紹介していくことにします。

① 「新学習指導要領（平成20年）改訂のポイント」を分かりやすく紹介します。
② 「音楽授業における教師の働きかけ（教授行為）とそのポイント」を紹介します。
③ 「音楽授業でプロ教師になるためのトレーニング法」と「指導案作成の具体的プラン」を紹介します。
④ 「成功する授業開きのアイデア」と「歌唱・器楽・音楽づくり・鑑賞といった全活動をカバーした楽しい音楽授業の実践アイデア」を多数紹介します。

　音楽専門のA先生がピアノを弾く時は，どこか子どもとかけ離れたような次元の音が鳴り響くのですが，B先生が伴奏なしで語りかけるように歌い始めると，音楽室はとてもあたたかい空気に包まれます。
　「音楽のプロでなくとも，教育的な工夫をすれば音楽授業のプロには必ずなれるんだ」。そう思わされる瞬間です。

　さぁ，楽しみながら音楽授業をつくってみましょう！

音楽の授業では何を目指すの？
—学習指導要領の「目標」を読む—

「算数の授業では何を目指しますか」という問いと,「音楽の授業では何を目指しますか」という問いがあったとします。答えが様々になるのは,どちらの問いに対してでしょうか？ 私は自信を持って音楽の方だと答えます。なぜなら,音楽に対する価値観が人それぞれで,千差万別だからです。つまり,音楽は自由で多様性を孕む文化であるからこそ,教師によって目指す方向がバラバラであったり,微妙にズレていたりすることが多いのです。

しかしながら,音楽科は個人が趣味で行うものではなく教科であるため,共通の見解が必要となってくるのは当然のことです。この指針となるのが「学習指導要領」です。

小学校学習指導要領解説（音楽科編：平成20年）には,音楽科の目標が次のように示されています。

表現及び鑑賞の活動[1]を通して,音楽を愛好する心情[2]と音楽に対する感性を育てる[3]とともに,音楽活動の基礎的な能力を培い[4],豊かな情操を養う[5]。
（下線と丸数字は筆者）

これを具体的に読んでいきましょう。

[1] 「**表現及び鑑賞の活動**」とは,具体的には,表現活動である「歌唱」「器楽」「音楽づくり」と「鑑賞」の四つを指します。これらの活動では,表現と鑑賞の二つの領域が相互にかかわり合うことが多いとされています。
[2] 「**音楽を愛好する心情を育てる**」とは,生涯を通して音楽を愛好し,生活の中に音楽を生かしたり音楽文化に親しんだりする態度を育むことと示されています。

③ 「音楽に対する感性を育てる」とは，リズム感，旋律感，和声感，強弱感，速度感，音色感といった，音楽の様々な特性に対する感受性を育てることと説明されています。また，この感受性は美しく崇高なものに感動する心を育てるのに欠かせないものであり，美しい音や音楽を尊重する心にもつながるとされています。

④ 「音楽活動の基礎的な能力を培う」ためには，次の三つのことが大切だとされています。
   ⅰ) 唱法や演奏法に興味を深め，思いや意図を持って歌ったり楽器を演奏したりする能力を身につけさせること
   ⅱ) 工夫して音楽をつくる経験を通して得られる能力や知識を培うこと
   ⅲ) 音楽を形づくっている要素を聴き取り，曲想を感じ取り，音楽を全体的に味わう能力を身につけさせること

⑤ 「豊かな情操を養う」とは，美しいものや優れたものに接して感動するような情感豊かな心を育むこととされています。このことは，善なるものや崇高なもの等，他の価値をも求めるような豊かな心を育てるということでもあると解釈できます。

以上を一言でいうと，音楽の授業では「歌唱」「器楽」「音楽づくり」「鑑賞」の活動を通して「心情や感性」の側面と「能力」の側面を同時に育てていくことを目指す，ということになります。

ただし，そのようなことを目指すあまり，教師の一方的な価値観を押しつけるだけの授業になってしまっては本末転倒でしょう。

大切なことは，「活動に対して子どもが心を開き没頭できるような工夫」をしつつ，音楽科の目標に迫れるように心がけることでしょう。

 音楽科 学習指導要領
改訂のポイントを押さえよう

(1) 歌唱・器楽・音楽づくり・鑑賞に分けて内容が示された

今回の改訂によって「A表現」が「歌唱」「器楽」「音楽づくり」の三つに分けて示されています。それに「B鑑賞」をあわせ，音楽授業では「歌唱」「器楽」「音楽づくり」「鑑賞」の四つの分野で活動が行われることが明示された形となりました。

この理由は，学習のねらい・進め方を，それぞれの活動（「歌唱」「器楽」「音楽づくり」「鑑賞」）ごとに，明確にすることであろうと考えられます。

もう一つの理由として，「中学校の学習指導要領と記述の方法をそろえる」ことが考えられます。つまり，小・中学校における学習指導要領の記述をそろえることにより，四つの分野における9年間の教育内容の連続性が，分かりやすくなったといえるのです。

いずれにせよ今回の学習指導要領は，活動の明示により教える内容がすっきり整理された印象を受けます。

(2) 〔共通事項〕が示された

一言でいえば，〔共通事項〕とは「歌唱」「器楽」「音楽づくり」「鑑賞」の活動の支えとなることがらのことです。

これまでの学習指導要領では，項目を起こして示されたことのないもので改訂の鍵を握ることですから，以下に小学校における学年別の〔共通事項〕を掲載することとします。

> 第1学年及び第2学年の〔共通事項〕

(1) 「A表現」及び「B鑑賞」の指導を通して，次の事項を指導する。
　ア　音楽を形づくっている要素のうち次の(ｱ)及び(ｲ)を聴き取り，それらの働きが生み出すよさや面白さ，美しさを感じ取ること。
　　(ｱ)　音色，リズム，速度，旋律，強弱，拍の流れやフレーズなどの音楽を特徴付けている要素
　　(ｲ)　反復，問いと答えなどの音楽の仕組み
　イ　身近な音符，休符，記号や音楽にかかわる用語について，音楽活動を通して理解すること。

> 第3学年及び第4学年の〔共通事項〕

(1) 「A表現」及び「B鑑賞」の指導を通して，次の事項を指導する。
　ア　音楽を形づくっている要素のうち次の(ｱ)及び(ｲ)を聴き取り，それらの働きが生み出すよさや面白さ，美しさを感じ取ること。
　　(ｱ)　音色，リズム，速度，旋律，強弱，音の重なり，音階や調，拍の流れやフレーズなどの音楽を特徴付けている要素
　　(ｲ)　反復，問いと答え，変化などの音楽の仕組み
　イ　音符，休符，記号や音楽にかかわる用語について，音楽活動を通して理解すること。

> 第5学年及び第6学年の〔共通事項〕

(1) 「A表現」及び「B鑑賞」の指導を通して，次の事項を指導する。
　ア　音楽を形づくっている要素のうち次の(ｱ)及び(ｲ)を聴き取り，それらの働きが生み出すよさや面白さ，美しさを感じ取ること。
　　(ｱ)　音色，リズム，速度，旋律，強弱，音の重なりや和声の響き，音階や調，拍の流れやフレーズなどの音楽を特徴付けている要素
　　(ｲ)　反復，問いと答え，変化，音楽の縦と横の関係などの音楽の仕組み

イ　音符，休符，記号や音楽にかかわる用語について，音楽活動を通して
　　理解すること。
＊下線部は，その学年から新しく登場した項目を示しています。

　この〔共通事項〕は，今回新しく登場したものではなく，今まで個別に「A表現」や「B鑑賞」の中で示されていたものがまとめられたものです。
　また，示された事項は四つの活動全てで指導できるものといえます。例えば，鑑賞の時に「音の繰り返し」に気づかせることもできるし，その気づきを基に繰り返しの音楽をつくることもできるでしょう。また，歌ったり演奏したりしている時に，同じ旋律の繰り返しに気づくこともあるでしょう。つまり，〔共通事項〕を意識することにより，全ての活動が関連づけられ，構造化された音楽授業が展開できるのです。

(3)　その他の改訂ポイント

　その他の改訂ポイントとしては，次のことがあげられるでしょう。

・音楽づくりの指導内容の明示
・鑑賞の学習の充実
・我が国の音楽，伝統音楽の指導の充実

　音楽づくりの指導内容としては，先に述べた〔共通事項〕の「ア」の中に，その手がかりがたくさん示されています。つまり，反復や問いと答え等，「音楽の仕組み」が示されたことによって，それを手がかりとした音楽づくりの授業が構想できるようになったのです。
　このことはまた，鑑賞の授業にもいえます。〔共通事項〕に示された「音楽の仕組み」は，鑑賞の授業における聴き取り，感じ取り，理解するための手だてともなるのです。

我が国の音楽・伝統音楽の指導についても，指導内容が増えました。例えば，これまでの学習指導要領では，第1，2学年では我が国の音楽についてふれられていませんが，今回は「B鑑賞」の中で，「我が国のわらべうたや遊びうた」に関して記されています。他にも，「指導計画の作成と内容の取扱い2(4)ア，エ」では，和楽器という言葉が明記されました。

(4) これからの音楽授業のあり方

① つながる音楽授業を！

　つながる音楽授業。何とつながるのでしょうか。一つ目は保育所や幼稚園，中学校とつながる音楽授業です。「指導計画の作成と内容の取扱い1(4)」では，次のように明記されました。「特に第1学年においては，幼稚園教育における表現に関する内容などとの関連を考慮すること」。保育所保育指針や幼稚園教育要領でも小学校との連携が謳(うた)われており，音楽の分野においても保・幼・小連携は今後ますます注目される課題だといえるでしょう。また，中学校との連携に関しては，「歌唱」「器楽」「音楽づくり」「鑑賞」という活動の記述方法をそろえることにより，四つの分野における9年間の教育内容の連続性を分かりやすくしたことは，先に述べた通りです。要するに音楽の分野でも，保，幼，小，中が連携した教育をしましょうということです。

　二つ目は他の教科・領域とつながることです。「指導計画の作成と内容の取扱い1(4)」では，次のように明記されました。「低学年においては，生活科などとの関連を積極的に図り，指導の効果を高めるようにすること」。

　同じく「指導計画の作成と内容の取扱い1(5)」では，道徳の内容について音楽科の特質に応じて適切な指導をすることが，記されています。音楽科の目標のところで述べた「美しいものや優れたもの，または善なるものや崇高なもの等に接して感動するような豊かな心を育む」ことを，道徳との関連で育てることも大切なことといえるでしょう。

② 勘違いしてはいけないこと！

　今回の改訂では，各教科等の指導を通じて「言語活動の充実」が謳われています。音楽科でも「B観賞」の中に次のような一節が見受けられます。「楽曲を聴いて想像したことや感じ取ったことを言葉で表すなどして，楽曲の特徴や演奏のよさに気付くこと」（第3学年及び第4学年の例）。

　この「言語活動の充実」は，今後ますます多くの教科で試みられることでしょう。確かに，音楽科においても「言語で表現する」ことが有効な場合も多々あります。しかしながら，全ての場面が，言葉で埋め尽くされるような，いわば国語科のような授業展開になることは避けたいものです。あくまでも，音楽（音）が主体で，それにふれ感じたこと分かったことを伝達するための「一つの手段として言語活動が存在する」ということを，しっかり意識しておきたいものです。

　特に，一人で様々な教科を担当している教師は，教科ごとの指導法の切り替えがうまくできず，国語科と音楽科を無意識のうちに混同してしまうことも考えられます。このような事態におちいらないためにも，再度音楽科の目指す方向を確認しておきたいものです。

CHAPTER Ⅱ
授業力をアップする7つの原則
―これだけは身につけたい基本＆レベルアップのコツ―

 **これだけで音楽授業がグンと変わる！
2つの原則**

(1)「教授行為（教師の働きかけ）」を，役割や機能別に分ける発想を持とう

　1980年代に始まった教育技術の法則化運動（代表：向山洋一氏）は，とりわけ若い教師を中心に大きな広がりを見せました。理由は，名人と呼ばれるような熟練教師でなくとも，「○○をすれば，子どもは必ず△△ができる」という具体的な方法を追究したからなのです。このことは，当時の向山氏の代表的な著書，『跳び箱は誰でも跳ばせられる』（明治図書，1982）からも，よく分かるでしょう。

　このような流れは音楽科にも波及し，前述した八木正一氏や吉田孝氏，篠原秀夫氏らは，「音楽授業における教授行為」に関する著書・論文を発表してきました。また，竹内俊一氏は，とりわけ吹奏楽の分野を中心として，より具体的ですぐに使える指導方法を発表しました。

　これらの著書・論文には，「どのように言葉をかければ，子どもの歌声が変わるのか？」「どのように問えば，歌詞の内容を考えるのか？」「どのようにして指揮に集中させるのか？」等々，具体的な教師の教授行為に関する情報が満載されていたのです。

　ところで，教授行為とはどのようなものなのでしょうか。藤岡信勝氏は次のように定義しています。

　発問，指示，説明から始まって，教具の提示や子どもの討論の組織におよぶ，現実に子どもと向き合う場面での教師の子どもに対する多様な働きかけとその組み合せのことである。　　　　　　　　　　　　＊原文のママ

（藤岡信勝「教材を見直す」，東洋 他編『岩波講座　教育の方法3　子どもと授業』岩

波書店,1987より)

　簡単にいうと,教授行為とは授業中の教師の働きかけ全てということです。また,この教師の教授行為は,種類別に分けることができます。そうです,よく知られている発問,指示,評価……等々です。この発問,指示等々を,「言葉かけ」などと称して一まとめにし,区別しない人がいますが,これはちょっとまとめすぎのような気がしますね。やはり教授行為は,種類に分け,それぞれの役割・機能を考えることが大切でしょう。教授行為を分類してそれぞれの役割・機能を意識するだけでも,授業の力は伸びると私は思います。

(2) 音楽授業における教授行為を知ろう

　それでは,音楽授業に見られる教授行為について,私の分類したものを示します（高見仁志「初等音楽教育における教師の実践的力量に関する研究―新人教師と熟練教師の教授行為の比較を中心として―」,『湊川短期大学紀要』第42巻,2006より)。

〈言葉による働きかけ〉
　指示：授業者から子どもに向けて発せられる指図・要請
　　　　例）「最初から全部,母音で歌ってみて」
　発問：授業者が子どもの思考を促すような問いかけをすること
　　　　例）「Aの歌い方とBの歌い方はどこが違いますか」
　説明：子どもにとって未知の概念を,既に知っている言葉に置き換えて述べること
　　　　例）「お母さんが電話をする時のような声だよ,分かるかな」
　確認：授業を展開する上で,授業者と子どもが共通に認識しておくことを確かめること

　　　　例）「第1パートを演奏する人は誰？」
　評価：子どもの行為に対して値うちづけをすること
　　　　例）「うまい。ソプラノの声，とても明るい響きになってきた」
　相づち：子どもの行為を授業者が受け止めていることを示すこと
　　　　例）「うん。そう。うん。○○と感じたんだね」（評価と違って，値
　　　　　　うちづけをしない）
　指名（個別的指示）：挙手している子どもや任意の子どもを授業者が指し，
　　　　何らかの要請をすること
　　　　例）「○○さん。じゃあ，今のところ吹いてみて」
　ジョーク：その場の雰囲気を和らげる，切れかかった子どもの集中力を取
　　　　り戻す等の目的により，教師が冗談をいうこと

〈音楽を通した働きかけ〉
　範唱：授業者自身が歌うことによって，歌い方の説明等をすること
　範奏：授業者自身が演奏することによって，その奏法等を説明すること
　伴奏：伴奏
　指揮：指揮
　手拍子：テンポや拍の流れ等を示すため，子どもの歌・演奏に合わせて授
　　　　業者が手を打つこと
　一緒に歌う：授業者が何の指示・説明も行わず，子どもの歌声に合わせて
　　　　ただ一緒に歌うこと（範唱とは区別する）

〈体を使った働きかけ〉
　身振り：授業者が体の一部あるいは全体を使って説明を行うこと
　　　　例）行進することによってテンポ感を表現する
　表情：曲のイメージ，歌い方等を表情で伝えること
　視線：授業者が意図したことを，言葉でなく視線で伝えること

〈その他の働きかけ〉
　教材提示：教材や教具を工夫して提示すること
　板書：板書
　手を出さない：授業者が指示や説明等を行いたいと感じながらも，子ども
　　　　　　　の気づきを気長に待つ等，何らかの意図により敢えて働きかけない
　　　　　　　こと（「手が出せなかった」ではない）
　その他：上記以外の働きかけ

　以上は，ある４人の教師の音楽授業を調査し，その中に見られた教授行為を集約し分類したものです。ですから，他の音楽授業では，ここに示した以外の教授行為も見られるかもしれません。
　また，教授行為は様々な要素が複雑に絡み合った教師の行動ですので，簡単に分類できないものもありますし，「『説明』と『表情』が組み合わさっている」等，複合的なものも当然あります。ここでは詳しく説明しませんが，発問の機能を備えた指示「発問的指示」などもその例です。ですから，ここで示した分類は完全なものではなく，これからまだまだ付け加えたり削ったり例を変えたりと，改訂する余地は残されていると思っています。
　いずれにせよ，ここでは教授行為を「十把一絡げ」にせず様々な種類に分け，その役割・機能を考えることの大切さを再度強調しておきます。教師は忙しいですが，教授行為を分類して役割・機能を意識するくらいなら，短時間でできることです。日頃から，このような意識を持って授業を組み立てたり，振り返ったりするだけで，授業の力はグンと伸びるはずです。

② 音楽授業がレベルアップするプロの技！5つの原則

　教授行為のポイントとして有名なものは，特に「指示」に関するものが多く見られます。「何をするのか端的に説明せよ」「終わったら何をするのか指示せよ」など（向山洋一『子供を動かす法則と応用』明治図書，1984），数え上げたらきりがありません。

　私は学生にいつもいうのですが，例えば，A：「リコーダーを吹く子は，○○君と△△さんと××さんです」という言い方と，B：「○○君と△△さんと××さんは，リコーダーを吹きましょう」という言い方は全く違います。当然Bがいいのです。Aの言い方では，名前を呼ばれるまでの「リコーダーを吹く」という情報が入りにくいからです（子どもは，名前を呼ばれた時点から聞き始めることが多いから）。

　このように計算して生み出される教授行為のポイントを，音楽授業の中から拾い上げて紹介したいと思います。

(1) 指示したことには必ず評価をする

　先行研究から，音楽授業で教師は「指示」を頻繁に用いることが分かっています。やはり音楽科においても指示に関して研究することはとても重要なのです。どんな指示が有効なのかについては，後の章でも述べることとして，ここでは絶対忘れてはいけない大切なポイントを述べます。

　それは，「指示したことには必ず評価をする」です。簡単そうですが，意識しないとできていないことも案外多いのです。前述した私の調査（高見，2006）では，経験の浅い教師は次のようなパターンにおちいることが多い，という結果が出ました。

　①「教師が指示を出す」→②「子どもが①に反応する」→③「教師は②に

反応しない（②の評価をしない）」

　このような授業の中で子どもは，教師の指示に反応して歌ったのに，その評価も得られないまま，放っておかれた状態になります。そうしているうちに，また次の指示がとんでくる……。指示ばかりが投げつけられ，「よいのかダメなのか」という評価の得られない状態は，子どもにとって，いや人間誰にとっても苦痛なのです。こんなことを繰り返せば，子どもの学習意欲が低下していったとしても，何ら不思議ではないでしょう（このような授業をしている先生は，結構いるものです）。

　その逆で，子どもの活動に対して教師が称賛の評価を与えたとしましょう。その評価に動機づけられて，子どもはさらに意欲を持って活動することでしょう。どんな授業でも，評価自体が指導的な機能を持っていること，「指導と評価の一体化（指導的評価）」を意識したいものですね。

　「教師が指示→子どもが反応→教師が評価」，このサイクルを築きましょう。

(2) 音楽を通した働きかけを多くする

　私の研究（高見，2006）では，1時間の授業における働きかけの割合について，ある新人教師とある優秀な熟練教師では下の表のような結果が出ました。熟練教師は，言葉による働きかけを抑えて，音楽を通した働きかけを多用しています。

教授行為	熟練教師	新人教師
言葉による働きかけ	57%	71%
音楽を通した働きかけ	27%	11%
体を使った働きかけ	10%	5%
その他	6%	13%

音を媒介として表現するという音楽科の特質を考えた時，音楽を通した働きかけが優秀な熟練教師に多いという事実は，彼らの指導における表現力の豊かさを物語っているといえるでしょう。

　確かに，言葉のみで演奏方法を説明するよりも，教師が範奏した方が一発で子どもには伝わるでしょう。また，伴奏の工夫一つで子どもの表現が変わってくることがあるのも事実です。

　このように，音楽を通した働きかけを多くするということは，音楽授業における教授行為の基本中の基本と考えるべきでしょう。

(3) 一時に一事の法則で，短く的確な言葉を用いる

　次の「説明」（歌い方の説明）は，どちらの方が分かりやすいでしょうか？　理由もあげながら考えてみましょう。

A
> 「もっといい顔になったら歌声もよくなるよ」（と説明し），「♪こーこけこっこ♪」（と範唱し），「こうね」（目を大きく開いた表情をする）。

B
> 「2組がいいこといってくれてるの。『♪うー♪』のハミングのところ，口をあけてって，前確認したよね。まだ口を閉じてる人はあけて下さい。『♪父さんがー♪』っていうところは，音程をはっきりしないとだめなんだって。歌詞のところは，音程をはっきり出さないと，何を歌っているか分からない。1組の人もいってたんだけど，音の高い人，低い人，もうぐっちゃぐちゃになってる」。

　AもBも実際に記録された教師の言葉です。もうお分かりでしょうが，Aの教師の方がテンポのあるよい授業を展開していました。理由は次の通りです。

理由1：Aの教師は短い言葉を使用し，逆にBは長い言葉を用いています。
理由2：Aは「表情と歌声の関係」の，ただ1点だけに焦点を絞って説明していますが（これを「一時に一事（一つの時に一つのこと）」と呼ぶことにします），Bは「口の開け方」「音程」等，複数のことが説明の対象となっています。
理由3：Aは言葉と範唱や表情を併用していますが，Bは言葉のみです。

これらのことから，言葉による働きかけのポイントは次のようにいえるでしょう。

① 短く的確な言葉を用いる
② 「一時に一事（一つの時に一つのこと）」
③ 言葉以外の働きかけ（音楽を通した働きかけ，体を使った働きかけ）を併用すると効果的

ここで述べた①と②は，向山氏の発表（向山，1984）以降多くの教師が試してきて，スタンダードになっているものですが，③は音楽科特有のものです。つまり，言葉ばかりで指示せず，音楽や体を使って指示をすることが，音楽授業の鉄則といっても過言ではありません。

(4) ポイントを焦点化して指導する

教授行為においては，「指導ポイントの焦点化」が極めて重要になってきます。例えば，子どもがタンギングしないで，リコーダーを①のように吹いたとします。

「ここはタンギングしてほしい」と感じた教師は，次のような指導をするでしょう。「トゥートゥーといいながら吹きましょう」あるいは「（範奏して）こんな感じで吹きましょう」等です。

その時大切なことは，タンギングの指導をしたいのなら，最初から①の通り吹かず，②のようにすることです。

そして②でタンギングができるようになったら，①に挑戦させることです。

①と②では何が違うのか？　それは運指です。①にはタンギングしながら，運指をするという二つの要素が含まれますが（違う音だから当然指を動かさねばならない），②には運指の要素は含まれません（同じ音だから指を動かさずにすむ）。つまりタンギングのみに集中して練習できるのです（②もできなかったら，リコーダーを持たず，舌だけで練習した方がよいかも知れません）。

「よい教授行為は指導ポイントの焦点化から生まれる」ということを肝に銘じておきましょう。

(5) 順序性を明確にして指導する

上の(4)で示した通り，タンギングのできない子には，「②→①」の順序で練習するのがよいでしょう。もっとできない子には，「舌だけの練習→②→①」の順序の練習が適しているでしょう。このように「『指導の順序性』を明確にすることが，よい教授行為を生み出すベースとなる」ことを，日頃から意識しておきたいものですね。

CHAPTER Ⅱ 授業力をアップする７つの原則―これだけは身につけたい基本＆レベルアップのコツ―

　ここで紹介した教授行為のポイントは，この後に述べる歌唱指導，楽器指導等，どんな指導においても応用して使えるものです。このような教育方法学的見地から音楽授業を見直すことは，とても重要なことです。

耳より情報

　教授行為に関して興味のある方，もっと深く知りたい方は，次の文献を参考にしてみてはいかがでしょうか？
- 藤岡信勝「教材を見直す」，東洋 他編『岩波講座教育の方法３　子どもと授業』岩波書店，1987
- 八木正一『アイデア満載！たのしい音楽授業づくり４つの方法』日本書籍，1989
- 藤岡信勝『授業づくりの発想』日本書籍，1989
- 篠原秀夫『子どもが動く音楽授業づくり』日本書籍，1994
- 八木正一『音楽科授業づくりの探究』国土社，1995
- 八木正一『たのしい音楽授業のつくり方』音楽之友社，1995
- 吉田　孝「音楽の授業における発問の機能―『赤とんぼ』の授業を例にして―」，『音楽教育実践ジャーナル』Vol. 2, No. 1, 日本音楽教育学会，2004，pp.91-97
- 八木正一・上條晴夫『これだけは身につけたい超定番！授業づくりの基礎・基本』学事出版，2005
- 高見仁志「初等音楽教育における教師の実践的力量に関する研究―新人教師と熟練教師の教授行為の比較を中心として―」，『湊川短期大学紀要』第42巻，2006，pp.15-24

③ 音楽授業でプロ教師になるためのトレーニング法

(1)「子どもの状況を把握する力」を伸ばすトレーニング法

① 全ての「子どもの状況」を能動的に把握すること

　授業力をアップさせるために，教師は「状況把握の視点」を明確にし，能動的に全ての子どもを捉える訓練を積むことが大切です。意識せずとも勝手に飛び込んでくる情報（例えば目立つ子どもの言動）のみを捉え，それに振り回されてしまうことは避けたいものです。

　また，音楽授業では教科の特質上，教師の瞬間的な音の聴き分けが要求されます。そのため，例えば合唱指導中，「今，なおすのは音の高さか？　発声か？」等，聴く焦点を絞り，積極的に全ての子どもの発した音をキャッチしにいく訓練が大切でしょう。

　さらにいえば，音楽科においては，「聴く」ことだけでなく「見る」訓練も極めて重要となってくるでしょう。歌唱・演奏では，姿勢，表情等の所作や，子どもの健康状態，クラス内での人間関係等を，適宜「見」ながら授業を展開していく必要があります。このような音以外の視点も持って，刻々と生き物のように変化する子どもの「瞬間的な状況」を一つたりとも見逃すまいとする能動的な姿勢が大切でしょう。

　このことに関して，斎藤喜博氏は次のように述べています。

　「(子どもの事実を) よく見て，よく考える。それを繰り返していくと，今度は自然に見えてくるようになるんです。相手が呼びかけてくるんです」

（斎藤喜博『第二期斎藤喜博全集』第 2 巻，国土社，1984）

　この言葉は，教師が明確な意図を持って「聴く」「見る」ことを繰り返せば，子どもの状況が具体的に「聴こえる」「見える」ようになっていくこと

を意味していると解釈できるでしょう。
　また,「クラス全体を見ているのか,個人を見ているのか」,「A君を見ながらB君の状況も捉えようとしているのか」といったような,見る対象を明確にする訓練を積むことも重要でしょう。

② 授業後の振り返りによって「子どもの状況」を把握すること
　授業を録画して,「その教授行為をとった時,自分は子どもの何を見ていたか,何を聴いていたか」を振り返り記録するトレーニングをすることも,力量アップのコツです。記録することがらは,「○○君の姿勢」「４小節目の歌い方」等,具体的な内容にしましょう。
　これ繰り返すことにより,自分の子どもを見る傾向が明らかになるでしょう。「ある子どもについては何度も記録されているのに,一度も名前が書かれていない子がいる」「発声については毎回記述されているのに,歌う表情についてはふれられていない」等の発見があります。この発見を基に,状況把握の視点として不十分な点を改善したり,着眼点を広げたりしたいものです。
　また,授業中に捉えられなかった子どもの状況が,授業後のＶＴＲ視聴の際には見えることがあります。このような場合,「後から見えた状況」として記録に残し,なぜ授業中には見えなかったのかを分析することも効果的です。

③ 授業者を離れた視点から「子どもの状況」を把握すること
　「授業者を離れた視点」から子どもを観察することも大切です。例えば,担当するクラスの授業を他の教師に依頼して,自分は観察者として子どもの状況を把握してみましょう。この時,授業者と同じような場所（教壇やピアノのあたり）からではなく,例えば合唱,合奏の子どもたちの輪の中に入っていくようなポジションで観察することが効果的です。

このようなトレーニングを行うと，授業者として日頃は見えなかった様々な子どもの状況や，聴こえなかった声・音が浮き彫りにされ，新たな発見があります。この発見を基に，授業を進めながらも子どもの細部まで捉える力を持ち得るような，いわば「観察者としての授業者」になれるような訓練を積むことが力量アップに大きくつながっていくでしょう。

(2)「推論する力」を伸ばすトレーニング法

　「推論する力」とは，例えば，授業中教師が「B君の歌声が評価されたことをクラスのみんなが意識し始めたな……」などと子どもの状況を推し量る力のことです。教育学者の佐藤学氏は，「優秀な熟練教師は推論することで積極的に授業に関与している」と述べています（佐藤学・岩川直樹・秋田喜代美「教師の実践的思考様式に関する研究(1)―熟練教師と初任者教師のモニタリングの比較を中心に―」，『東京大学教育学部紀要』第30巻，1990）。

　音楽授業においても大切な「推論する力量」を伸ばす方法を，以下にご紹介します。

①　具体的な視点を定めた推論をするために

　推論の具体的な視点とは，上にも述べた「B君の歌声が評価されたことをクラスのみんなが意識し始めたな」という例に見られるように，子どもやクラスの実態を熟知した結果，現れるものといえるでしょう。また，「シンコペーションのリズムが子どもにとって歌いにくいのだな」というような推論は，教師の音楽的知識や経験に基づいているといえるでしょう。

　大きくいうと，「子どもの実態を知ること」「音楽的知識・経験」の2点を基に，教師は具体的な推論をしているのです。

② 子どもの実態を知りそれを基に推論すること
　教師は子どもの実態を知るため，彼らの声域，ピアノの経験等の音楽的要素は無論のこと，クラスにおける人間関係，家庭環境，その日の健康状態，障害の状態等，あらゆる側面からの情報収集に努める必要があります。この情報が，推論の源となります。
　マルコム・テイト（Malcolm Tait）とポール・ハック（Paul Haack）は，音楽教育を行う上で，「我々は，自分の生徒たちのことを知る必要がある。生徒たちの興味や願望，好き嫌い，態度や価値観についても知っておく必要がある」と述べています（Malcolm Tait・Paul Haack 著／千成俊夫・竹内俊一・山田潤次訳『音楽教育の原理と方法（Principles and Processes of Music Education）』音楽之友社，1991）。さらに，そのような集団に関する知識にあわせて，「個人としての生徒を知る必要性は，いうまでもなく，正規のクラスの内外で共に学び合っている障害を持った子どもたちについてもいえることである」としています。
　このように，全ての子どもの身上における様々なことがらを熟知することによって，推論の視点がより具体的となるのです。

③ 音楽的知識・経験を基に推論すること
　ある教師が二部合唱の授業中，次のような推論をしたとします。
　「子どもは，まだパートごとの音量のバランスを意識していないようだ」。
　これはその教師が，二部合唱における主旋律と副旋律の適度な音量バランスを知っているからこそ生まれたものと考えられるでしょう。つまり，教師は音楽を知り体験すればするほど，より音楽的な視点から推論し判断を下すことができるようになるのです。
　このことに関してマルコム・テイトとポール・ハックは，「教科の様々な側面に精通し，有能な演奏家であるような音楽の教師が必要である」と述べています（前掲書）。この言葉だけを捉えると，よほどの演奏家でない限り，

音楽を教えられないというような印象を受けるでしょう。しかしながら，教育現場にはピアノが弾けなくとも，高度な指導力を備えた教師が存在することを私たちは知っています。

　このことについてもテイトらは，「音楽を知るためには，バッハのプレリュードとフーガの全てを演奏したり，数多くのオペラの台本に精通しなければならないというような必要はない（筆者要約）」とし，「対象に対して夢中で取り組み，なお一層の探求と発見へつながる深い喜びがそこになければならないであろう」と述べています（前掲書）。

　教師自身が音楽を常に探求し，新たな発見を繰り返すことに喜びを感じることによって，推論する力量も少しずつ高まっていくものなのでしょう。

④　推論と実際の子どもの状況を比較すること

　「教師の推論と実際の子どもの状況とを比較するトレーニング」を積むことも大切です。子どもは自分の考え，つまずき，感情等を，全て表出させるとは限りません。思ったことを表現しにくい子どもも多数いるのが現状です。このような場合，教師は推論によって子どもの状況を判断するしかないのです。

　しかしながら，この推論はあくまでも教師の一方的な考えであるため，真の子どもの状況と一致していないことも，多々あるでしょう。このようなズレた状態を放置しないためには，子どもに実際の思いを素直に発言させ，教師の推論と実際の状況を比較することが重要です。その場で子どもが発言しにくい時は，休憩時間等を利用し，その思いや願いを聞くことにも配慮したいものです。

　教師が推論していたことと，子どもの真の姿を比較し，そこにズレが存在するのであれば，それを少なくしていけるように努めていくことが肝要です。

(3)「見通しを持った判断をする力」を伸ばすトレーニング法

「見通しを持った判断」とは,例えば,「発声を自分でコントロールできる子がこれからどんどん増えてほしいので,ここでは曲想にオーバーな変化をつけて歌わせてみよう」などと,「今の授業」と「次回,次々回または何か月後といった未来の授業」を結びつけた瞬間的な教師の思考のことです。この力量を伸ばすためのポイントをご紹介します。

① 子どもに備わってほしい力を明確にすること

第1には,子どもにどのような力が備わっていてほしいのかという到達目標を明確にしていく必要があるでしょう。それは学年別でもよいし,学期別でもかまいません。とにかく到達目標を設定しない限り,見通しを持った判断はできないでしょう。

第2に,教師は今ここで行っている授業が,目標に到達するための取り組みであることを強く意識する必要があります。つまり「今(この授業)」の積み重ねが,将来の子どもの姿につながっていることを念頭において授業することが大切なのです。

ある優秀な熟練教師は,見通しを持った判断をする上で大切なことを次のように述べました。

「例えば,子どもの音楽的技量を高めることと,子どもの音楽に対する主体性を高めること,このどちらも授業には必要ですが,両者をどのようなウエイトで捉え判断するかは,最終的にどのような子どもの姿を目指したいかで決まってくるのかも知れません」。

この言葉にもあるように,子どもの将来像の明確化と,それに照準を合わせた今ここでの授業実践を繰り返そうとする意識こそが,見通しを持った判断に結実するといっても過言ではないでしょう。

②　子どもの発達段階を理解すること

　以前に私たちが取り組んだ研究（竹内俊一・高見仁志「音楽科教師の力量形成に関する研究　―教授行為の基盤となる教師の内面的思考『判断』『選択』を中心として―」教育実践学論集　第7巻，2006）より，熟練教師Aの「見通しを持った判断」の実例を以下に示します。

　「歌い出しのかまえを5月いっぱいでつくり上げたい。今その訓練をしておけば，6月以降はそのことをいわなくてもよくなる」。

　この見通しを持った判断の根底には，次のような教師Aの「子どもの発達」に対する考え方がありました。

　「第5学年の子どもに対して，1か月程度，歌い出しの指導をすれば，やがてそれ（歌い出し）を大切にして歌うようになるんです。それが5年生という学年です」。

　以上のことは，「教師は子どもの発達段階を熟知することにより，長期的な見通しを持った判断をすることができるようになる」ことを示しているといえるでしょう。

　教師が子どもの発達段階を確実に把握するためにも，子どもの成長過程を日々記録しておきたいものです。例えば子どもの声域の変化，歌唱におけるピッチの安定度，リコーダーの運指の上達度等，簡単なメモ書きでよいので記録してみましょう。

　また，「この時の子どもの成長は，自分の行った○○という指導が奏功した結果と考えられる」といった，指導と成長の関連に視点を置いた記録に努めることも大切でしょう。

　このようなトレーニングを重ねることで，教師は長期的な見通しを持った判断をする力量を高め得るのではないでしょうか。

(4) 教授行為の技術・ネタを身につけるためのトレーニング法

　新人教師の頃は，授業中に「今ここで，どのような教授行為を選択してよいのか」と，とまどう状況，つまり「ここでの一手」が打てない状況に追い込まれることがよくあります。このような状況を回避するには，数多くの教授行為の技術・ネタを身につけておくことが重要となってくるでしょう。

　それでは，どのようにすれば，より多くの教授行為の技術・ネタを身につけられるのかご紹介しましょう。

① 他人の教授行為をマネる（「追試」する）

　「追試」とは，様々な教授行為の先行例を，自分でも追いかけて試すことです。つまり，「他人の実践をマネる」ことです。他人の実践に学ぶことを通して，数多くの教授行為の技術が身につくことは誰もが経験しています。この拙著も，追試できそうなネタをご紹介するというコンセプトに立っています（使えそうなネタはどんどん追試なさって下さい）。

　ただし，他人の教授行為を追試しさえすれば，自分の力量が高まっていくという考えは排除したいものです。言い換えれば，他人の教授行為を表面的になぞるだけの，いわば写し絵のようなトレーニングに終始してはならないということです。

　追試した結果，成功することもあれば失敗することもあるでしょう。その時，失敗（成功）した原因を追究することが大切です。「他の実践と同じ説明をしたのに，なぜ失敗したのか」「その原因はどこにあるのか」等，詳細に省察を繰り返すことが重要でしょう。この省察を大切にする心こそが，教師の力量を高めていく源泉となり得る，といっても過言ではないでしょう。

② 自分で独自の教授行為をひねり出す

　教師は追試することにあわせて，独自の教授行為をひねり出すことに努め

る必要があります。そのためには，授業中どのような手を打とうか迷った時や，全く手が出せなくなった時，「今，この場面における，効果的な働きかけとは何なのだ？」ということを全能力を結集して考え抜くことが大切です。考え抜いた末生み出した独自の教授行為を持つことによって，教師は自らの力量を向上させることができるでしょう。

　このことに関して斎藤喜博氏は，合唱指導中，思うように生徒が声を出さず教授行為の選択に迷っている時のことを例にあげ，次のように述べています。

　「そんな時私は，苦しまぎれにむちゃくちゃに腕を振りまくっているわけです。生徒も骨折ってさまざまにやっている。その結果として新しいものが出た時を振り返ってみると，こういう指導をしたな，子どもはからだをこういうふうに使って，こういうイメージをつくって歌ったなと分かるわけです。すると私のなかに新しい合唱指導の『技術』というものが出来たわけです」

（斎藤喜博『第二期斎藤喜博全集』第3巻，国土社，1984）

　この言葉から，「教師が迷った時こそ，独自の教授行為が生み出される」ことが理解できるでしょう。斎藤氏の言葉の中で重要となるのは，「その結果として新しいものが出た時を振り返ってみる」という部分です。選択に迷った状況から生み出された教授行為を，その場面に置き去りにすることなく，振り返ることによって確実に自己の技術として身につけていくことが大切でしょう。

③　「VTR中断法」を用いて教授行為の選択肢を広げる

　VTR中断法とは，「録画された授業のポイント場面（通常は，重要な内容を学習する授業場面で，しかも教師にとって予期しない子どもの行動が見られた場面）でVTRを中断させ，『もしあなたがこの授業者であったら，どのような手だてを次にとるか』というように視聴者に教授行動の意思決定

を求めるといった方法」です（吉崎静夫「授業研究と教師教育(2)―教師の意思決定研究からの示唆―」，『鳴門教育大学研究紀要』教育科学編，第4巻，1989）。

　このような方法を用いたトレーニングを行えば，ＶＴＲを観ている教師は授業者のとった教授行為に対する代案を示さねばなりません。この代案の提示は，熟考した後よりも瞬間的に行われた方が，より効果的といえるでしょう。なぜなら，授業中において教師は，常に瞬間的な思考を要求されているからです。

　以上のようなトレーニングを重ねることにより，教師は教授行為の選択肢を広げることができるでしょう。このようなトレーニングを，個人あるいは学校単位の研修会といった場に定着させることが大切であると考えています。

　プロ教師になるためのトレーニング法について，さらに詳しく知りたい方は，次の論文をご参照下さい（本節の参考文献です）。

●竹内俊一・高見仁志「音楽科教師の力量形成に関する研究　―教師による『状況把握』を中心として―」，『兵庫教育大学研究紀要』第25巻，2004
●竹内俊一・高見仁志「音楽科教師の力量形成に関する研究　―教授行為の基盤となる教師の内面的思考『判断』『選択』を中心として―」，『教育実践学論集』第7巻，2006

CHAPTER III
楽しい音楽の授業をつくる
とっておきの実践アイデア

1♪ 4月が肝心！成功する「音楽科授業開き」のアイデア

(1) 楽しい音楽授業の3原則：「笑い」「全員性」「音楽の心地よさ」

「子どもが心を開いて夢中で活動するような音楽授業をしたい」と，多くの教師が思っていることでしょう。いつも前向きで新鮮なアイデアをちりばめた授業のできる教師は，子どもから信頼されます。そして，そのような教師のつくりだす音楽授業は当然楽しいものとなっています。

このような楽しい音楽授業をつくるためには，どのようなことを心がければよいのでしょうか。三つのポイントにまとめて，以下に紹介します。

① 笑いのある授業を！

毎回の授業で，必ず全員が，「わはは……」と大声で笑えるような瞬間をつくりたいものです。笑い声を共有できるクラスは，歌声も共有できるのです。このような笑顔あふれる授業をするために教師は，日頃からユーモアのセンスを磨くことが大切です。それと同時に，子どもたちの発する「笑いの本質」を見極めて指導することにも力を注ぎたいものです。

例えば，授業中ある子が歌った時，他の子が笑ったとします。教師は，この時の「笑いの本質」を瞬時に的確に見極めて指導する必要があるのです。「これは，あたたかい笑いか？　冷たい笑いか？　のりのいい笑いか？　バカにした笑いか？」というような見極めです。

当然，冷たい笑いやバカにした笑いなら，注意を与える必要がありますが，あたたかい笑いやのりのいい笑いまでをも教室から奪うと，冷え切ったしらけた空気が漂います。こうなると，子どもの自由な言葉もなくなり，音楽表現どころではなくなります。

子どもが安心して自己を表出できる音楽授業のムードづくりは，歌声や楽器の音だけではなく，笑い声を通して行うことも大切といえるでしょう。

② 全ての子が大切にされる授業を！
　クラスには必ず音楽の得意な子，苦手な子がいます。ですから，最初から「全員音楽が大好き」，などというクラスはないに等しいといってもよいでしょう。しかし，少しずつでも音楽好きの子どもを増やすことはできます。そのためには，毎回の授業で，全ての子と何らかのコンタクトをとることが大切です。そのコンタクトとは（授業のタイプにもよりますが），ユーモアのある言葉かけ，あたたかい視線（アイコンタクト），体の一部にふれる（学年や性別にも配慮しながら），等です。
　このような教師の働きかけは，子どもの「自分もこの授業において大切な一人なんだ」という気持ちを呼び起こし，「自分一人くらい参加しなくても大丈夫だろう」というような気持ちを取り除く効果があります（クラスの状態にもよりますが）。その積み重ねによって，「たった一人でも歌える・演奏できる授業」ができれば最高でしょう。これはいい換えれば，「一人の歌声や演奏を真剣に他の子が聴けるようなクラスづくりができているか？」ということで，音楽の授業づくりと学級経営が密接に関係していることを表しています（このことについては，合奏指導のコツのところでも述べます）。

③ 音楽を通して心地よくなれる瞬間がある授業を！
　いつも範唱のCDを聴いて，歌詞を覚えて，最後は教師の伴奏で斉唱する。音楽授業のほとんどが，このパターンの繰り返し……。こんなマンネリ授業では，子どもの心は開くどころか閉ざされる一方でしょう。
　その反対に，音楽を通してしか味わえない心地よさや感動が毎回ある授業は，子どもを夢中にさせることでしょう。
　このような授業をするためには，次の二つのことを心がけたいものです。

- 理屈抜きに楽しめるような指導方法を取り入れる
- 子どもができなかったことをできるようにして，必ず評価をする（ほめるところを多く見つける。担当教師以外からも評価をもらう）

(2) 4月の音楽授業で心がけたいこと

その1 音楽ゲームで「共有」体験！

　4月は出会いの月です。そして，スタートの月です。4月の取り組みが，1年間の授業を決定づけるといっても過言ではないでしょう。よい出会い，快いスタートのために，ここでは「共有」をキーワードにして，特に4月の音楽授業で心がけたいことを紹介していきます。次の三つのことを子どもたちと「共有」してみましょう。

① 笑いの共有

　前のページでも述べましたが，やはり4月最初は特に笑いのある授業を心がけたいものです。最初の授業でやりたいことは，学年に応じた簡単な音楽ゲーム，手遊びで，子どもの心をつかむことです。
　例えば低学年で，私はよく「むすんでひらいて」をしていました。次の順序で遊びます。

〈むすんでひらいてゲーム〉
ⅰ) むすんでひらいての，一般的な手遊びを交えて歌います。
ⅱ) できたら次は，全く声を出さずに心の中だけで歌いながら，手遊びだけは進めていくというふうに遊びます。先生が楽しい表情をしながら進めると子どもたちは大喜びです。
ⅲ) 今度もⅱ)と同じように進めますが，「♪手をうって♪」のところだけは，声を出して歌います。難易度が上がるので子どもたちは夢中になります。これは簡単そうですが，結構難しいものです。

以上は，音楽ゲームの一例にしかすぎません。このゲーム以外にも，4月は教師の得意な遊びをどんどん取り入れるとよいでしょう。ただし学年に適した知的好奇心をくすぐるゲームにして下さい。特に高学年では，幼稚すぎるゲームを導入すると，逆効果になりますので注意しましょう。

 高学年の子は，体を動かしたりちょっと難易度の高いゲームには食いついてきます。例えば「五線譜ゲーム」などはいかがでしょうか？ 以下のようにして進めます。曲は「ドレミの歌」(ペギー葉山 作詞／リチャード・ロジャース 作曲)を使います（ドレミの音階の後，階名で歌う部分）。

〈五線譜ゲーム〉
ⅰ) 床にビニールテープを5本貼って（線の間隔は，30～40cm，長さは4～5mくらい），大五線紙をつくります。大ト音記号も置くと立派な大楽譜ができあがります。
ⅱ) 「大きな楽譜をつくりたいけど，音符がありません。みんなが音符になってこの上を跳んで下さい」といいます。
ⅲ) 子ども（テープの長さ次第で，何人選ぶかを決める）を選んで，大楽譜のドのところに立たせます。
ⅳ) みんなで歌いながら，選ばれた子どもは大楽譜の上を，階名に合わせて音符になって跳びます。小節を追うように，どんどん右へ移動はしないでもよいでしょう（いや，それもおもしろいかな？）。

 最初はゆっくりですが，途中から倍の速さになって子どもたちは，大喜びでみんな笑顔になります。

② 切り替え（けじめ）の共有
 音楽授業は，集中して「音を出すこと」と，集中して「音を出さないこと（聴くこと）」が，要求されます。この切り替えが子どもにはとても難しいのです。ですからこの時期にこそ，この切り替えを指導しましょう。この指導

には，例えば「にょろにょろゲーム」が適しています。教師は次のようにいいながら進めます。

〈にょろにょろゲーム〉
ⅰ）　二人組になってじゃんけんをします。
ⅱ）　勝った子は，右手の人差し指を出します。負けた子は左手で筒をつくります。勝った子の指を負けた子の筒の中に入れます（そのまま待つ）。
ⅲ）　先生がピアノを弾きます（苦手な先生は，指一本で単音を連打するだけでもよい）。ピアノが鳴りやんだら，勝った子は指を抜いて逃げて下さい，負けた子は逃がさないようつかんで下さい。それでは始めます。
ⅳ）　先生は，わざと大きな音を出したりして子どもたちのお手つきを誘いながら進め（ピアノが止まらなくても大きい音につい反応してしまう子が多い），最後には弾くのを，「ジャッ！」という感じで急に止めます。
ⅴ）　つかまえた子，逃げられた子……様々で，教室は騒然となります。
ⅵ）　この間教師は子どもの声をさえぎらず待ち，一段落して静かになってから小さな声で「じゃあ次，交代してやるよ」といって，２回戦を再開します。
ⅶ）　ピアノを弾き始めると子どもたちは再び口を閉じ，集中してピアノの音に耳を傾けます。そして同じことを繰り返し，また騒然となります。
ⅷ）　一段落して静かになったら，小さな声で今度はこういいます。

　みんなはすごいね。指をつかんだ後はあれだけ「わーわー」声を出していたのに，先生のピアノが鳴り始めたらすぐ静かになって，必死で音を聴いていたね。今も先生の話をしっかり聴いている。これが大切です。声や音を出す時と，声や音を聴く時の切り替え。これができるみんなは立派です。

この指導のポイントは，教えたい内容が楽しく自然にできるようにしかけ，できていることを評価する点です。
　子どもができるように「しかけて→できたら→ほめる」ことは，指導の極意といってもよいでしょう。

③　音楽的な要素の共有
　この時期に音楽的な要素を共有する意味を子どもに体感させることは，とても重要なことです。音楽的な要素として大切にしたいことは様々ありますが，ここでは「拍の流れ」を例にあげ，「あんたがたどこさ」の遊びを紹介します。

> あんたがたどこさ　ひごさ　ひごどこさ　くまもとさ
> くまもとどこさ　せんばさ　せんばやまには　たぬきがおってさ
> それをりょうしが　てっぽうでうってさ　にてさ　やいてさ　くってさ
> それをこのはでちょっとかぶせ　　（わらべうた　＊これと違う歌詞もあります）

〈あんたがたどこさゲーム〉
i)　2人組になって向かい合って，歌いながら，「さ」のところだけ，ぱちんと両方の手のひらを合わせます。「さ」以外のところは手を合わせず音を出さないようにします。
ii)　子どもたちが楽しんでやっている間に教師は，「さ」以外のところでも，拍の流れにのって体を動かしているような子を見つけ，ほめます（指導的評価）。すると，どの子も，「さ」以外のところも，拍の流れにのって体を動かすようになってきます。
iii)　ここで，教師は次のようにいいます。「みんなすごいね，『さ』って音を出さないところでも，ちゃんと音楽にのって体を動かしてる。これは音楽

で大切なことです」。

ⅳ) このように評価した後,「じゃあ,『さ』以外は凍りついて,全く体を動かしません。『さ』だけ『ぱちん』と動かします。やってみようか」といって始めます。当然ながら,子どもたちは,「さ」がそろいにくくなります。そこで教師は,次のようにいいます。

> これで分かったね。「さ」って音を出さないところでも,ちゃんと音楽にのって体を動かしていないとそろわない。音を出すところも,出さないところも,「音楽にのる」ってことがとても大事なんだ。

　この他にも,強弱,テンポの揺れ等,学年の発達や目標に合った,音楽的な要素を共有できるようなしかけを開発したいものです。そして,上の例のように,音楽的な要素を共有することの大切さを,納得できるように話すことも重要です。なぜなら,子どもたちはこのような納得できる(意味づけられた)音楽的な話をされると,「やっぱり先生だなぁ」と認めるからです。最初こそ肝心です。

その2　キーワードは「つながる」

　その2では「つながる」をキーワードにして,4月の音楽授業で心がけたいことを紹介していきます。

①　教師と子どもがつながる

　4月に徹底して指導したいことの一つに,教師の呼びかけに子どもが応える,という授業のパターンがあります。これは「応答関係(呼応の関係)」と呼ばれるもので,これを音楽科でいかにして築くのか,その方法を紹介します。

CHAPTER Ⅲ　楽しい音楽の授業をつくるとっておきの実践アイデア

　一つ目は交互唱（こうごしょう）です。本書では，AとB（A，Bは，教師，子ども，あるパート等何でもよい）が交互に歌うことを「交互唱」と呼ぶことにします（模唱とか模倣唱とか様々なものがあります）。ここでは交互唱として，歌をフレーズ（2〜4小節くらい）に区切って，先に教師が歌いそのマネをしながら後から子どもがついてくるような歌い方を紹介します。

〈交互唱の例〉
　　教師　「♪あーたまを　くーもーのー♪」（ハイ）
　　児童　「♪あーたまを　くーもーのー♪」
　　教師　「♪うーえに　だーしー♪」（ハイ）
　　児童　「♪うーえに　だーしー♪」

「ふじ山」（文部省唱歌　巖谷小波　作詞）

　この時，楽器伴奏をせず手拍子で拍を示し，できる限り拍の流れを止めないのがコツです。流れが止まると子どものテンションが下がってしまいます。言葉で指示せず，歌い方（音楽）で指示するのです。これはとても大切なことで，音楽による指示がうまい先生は，子どもの力を伸ばすのです。

　二つ目は交互奏です。交互奏とは交互唱の楽器版と考えて下さい（模倣奏などと呼ばれるものもあります）。例えば教師が先にと打楽器（手）を打ったら，それに続いて，子どもがとマネて打つような演奏法です。これも，できる限り拍の流れを止めずに続けてやるのがコツです。

　交互唱，交互奏に共通していえることは，教師が突然テンポや強弱，音のニュアンスを変えても，それに子どもがきちんとついてくるような状態を目指すことです。このことは，三つ目の方法としてあげたい「指揮者（教師）の要求に子どもが応えて歌う・演奏する」ことのベースにもなるような重要なことなのです（指揮に反応させる方法は，p.90から詳しく述べます）。

　以上をまとめると，4月に大切なことは，音楽的なしかけ（交互唱・交互

奏・指揮に反応 等）を用いて教師と子どもがつながるよう努めることです。この他にも，「さぁ歌いましょう」といわなくても，先生が「一緒に歌おうというような表情」で歌い始めたら，子どもが一人歌い始め，二人歌い始め……と，自然に歌声の輪が広がるような授業づくりにトライしてみるのもいいですね。

② 子どもと子どもがつながる

「みんなで心を一つにして歌おう！」と教師が一生懸命に呼びかけても，子どもにはどうしていいのか分からない……などという光景を見かけることがあります。教師が呼びかけるといった抽象的な方法でなく，子ども同士がつながるような「具体的なしかけ」をすることが，必要なのです。

例えばこんなふうに，しかけてみましょう。「今日は一度みんなおもいっきり離れて歌ってみよう。この音楽室いっぱいに広がって，できる限りとなりの子と離れてみよう」（子ども移動）。「それでは，その場所で○○を歌ってみて」。このようにして歌わせると，鍛えられていないクラスなら，子どもたちはとても自信のなさそうな小さな声で歌い始めます。「それでは，戻ってきて。そしてもう一度歌ってみよう」。今度は声が大きくなります。そこでこういいます。「みんなが本当につながっていれば，距離は関係ないよ。離れていても，しっかり声は出るはず。しっかり友達の声を聴いて，声を近づけようと意識して」。そして，また，離れて何回か歌わせます。だんだん声が出てきたところで，最初の場所に戻って歌わせます。このようにすると，ものすごくしっかりした声が出るようになります。ここで教師は最高の評価を子どもたちに贈るのです。

その3 子どもの意識改革

ここでは，私の経験から「子どもが理解していないこと」，「勘違いしていること」の事例を紹介し，どのようにして意識改革するのかについて述べます。

① 「音符通りに歌って演奏できれば,それで完成」という意識を改革!

　例えば,リコーダーで,最後まで音符を追いかけて吹けたら終わりという子どもがいます。このような,「子どもなりの最終点」を決めてしまっている例は,案外多いのです。当然,音符が吹けたら終わりではありません。表現の工夫がまだ残っています。ですから,子どもの考える最終点の次にある段階を,教師は示す必要があります（教材研究にかかっています）。

　同じ曲でも,音符を追いかけるだけの淡々とした演奏（そう,電話で待たされる時に聞こえてくるあの電子音の曲みたいな感じです）と,強弱をつけたりテンポを揺らしたりした音楽的な演奏を聴かせて,違いを考えさせましょう（範奏できなかったら,CD等でOK）。きっと子どもたちは,両者の違いを感じ取るでしょう。そしたら教師は次のようにいうのです。

　「音符通りに演奏できた。そこは終点じゃなくて,表現を工夫するためのスタート地点だよ！　今年はこれを合い言葉にがんばろう！」

　そして,既習曲等を使って,今吹ける状態から,少しでも音楽的な表現になるよう指導していき,子どもの意識を改革します。

② 言葉だけでなく音楽を使って意見を述べる

　小学校ではどの教科でも,自分の考えを発言する機会が設けられることが多いものです。例えば,国語科で登場人物の気持ちを発言する,算数科で解き方を発言する等々,数え上げたらきりがありません。音楽科でもこのような発言の機会はあります。

　例えば,「誰の歌い方がよかったか,いってみて下さい」と教師が指示したとします。その時の,意見の述べ方を二つ示してみます。

A 「○○さんの歌い方は,遠くに響くような歌い方でよかったです」
B 「○○さんの歌い方は,♪かーがやく♪（歌う）という感じで,遠くに響くようでよかったです」

どちらがよいでしょうか？　当然Bでしょう。言葉だけでなく，音楽を用いて(実際に歌っている)意見を述べているからです。例えば，指揮者が練習中オーケストラに向かって何か述べる時，100％言葉だけというようなことはないはずです。言葉の合間には，時折，何かメロディーのようなもの，リズム模唱のようなもの等が，はさみこまれるでしょう。それと同じことです。

しかし，他教科（特に国算社理）では言葉だけを用いることも多いでしょう（他教科でも，言葉以外を用いる実践例はありますが）。ですから，音楽授業と他教科には違う点があるというように意識改革をして，意見を述べる時，「音楽」「音」をはさむとよいことを指導しましょう。

③　音楽の始まりと終わり（余韻）に対する子どもの意識を改革する

こんな経験をされた先生は多いでしょう。

> 子どもたちは，ピアノの前奏が始まってもボーッとしていて，歌い出しからやっと音楽にのってくる。

> 輪唱していて，自分のパートが終わったところで集中が切れ，まだ歌っているパートがあるのに，ごそごそ動き出す。

このような子どもたちは，「自分が歌うところ演奏するところだけ音楽すればいいのだ」という意識でいます。この意識を改革しましょう。次のようにしてみましょう。

まずは，音楽の始まりからです。歌唱の授業を例にあげます。

伴奏者（子どもでもCDでもOK）が前奏を演奏して，音楽が始まった時の子どもの様子を，しっかり観察します。そして，音楽に浸っている子を見つけ評価をします。

> 「○○さんはすごいよ、まだ歌が始まっていないのに、前奏からもう音楽にのって体も揺れていたよ。そうです、音楽の始まりは自分が歌うところからではなく、前奏が始まったところ、いやその前の先生が指揮棒をあげた（指揮のかまえをした）ところから、始まっているのです」。

　これで、多くの子どもは音楽の始まりを意識し始めます。
　また、教師は安易に「さんはい」といって歌い始めの合図をしないことです。前奏をしっかり聴いていれば、歌い出すところは子ども自身で捉えることができるものです。このように、「自分がアクションしていないところの音楽に、いかに集中させるか・浸らせるか」ということは、指導をする上で重要なポイントです。
　音楽の終わりも同じく指導が必要です。前述した輪唱の場合は、「最後のパートが終わるまで音楽は続いているのだ」、ということを話しましょう。例えば、「体育のリレーの時、最後になったチームを、既にゴールしたチームみんなで応援する」という話になぞらえてみるのもよいでしょう。この他にも、音楽が終わった後の余韻まで感じられるような、指導の工夫をすることが大切です。
　そのためには、まず教師自身がその余韻を感じ、曲が終わってすぐ話し始めるようなことは絶対避けましょう。教師がピアノで後奏を弾いて最後の音をのばし、音が切れるまで無言で余韻に浸る表情をして見せるのも一つの方法です。
　いずれにせよ、子どもの意識を改革することは、教師の意識改革でもあるのです。

　ここまで４月に心がけたいことを述べてきましたが、これらは５月以降にも、とても大切であることを付け加えておきます。

② 活動別　楽しい音楽授業をつくる実践アイデア

歌唱 の授業アイデア

(1) 響く歌声づくりのコツ

① のどを開かせる方法

「冷たい空気がのどの奥まで入ってくるようにあけてごらん」という指示で，かなりのどが開いてきます。そして，「♪あ〜♪」と発声させましょう。この時，やわらかくのどを開かせることです。むちゃくちゃに口をあけることと勘違いする子も多いので，力ませないようにしましょう。

「あくびして声を出してみましょう」というような指示も効果的でしょう。

② 声をあてる場所

「おでこに響かせて」といって，声をあてる場所を示すことはよく取り組まれています。この方法もグッドですが，息をあてる場所を，口の中に示してやるのもよい方法です。

「上あごのかたいところとやわらかいところの境目のあたり，あるかな？舌でさわってごらん。そこのあたりに息をあてよう」，もグッドです。

③ 一人ひとりがどんな声を出しているか知る方法

発声リレーをしてみましょう。どんな音高でもよいので（歌いやすい一定の高さ，例えばソで），A君「♪ハッハッハー♪」→B君「♪ハッハッハー♪」→Cさん「♪ハッハッハー♪」→みんなで「♪ハッハッハー♪」というふうにです。このようにしてリレーをすると，教師も子どもたちも一人ひとりの声を聴け，その都度チェックすることができます。

この指導のコツは，3人したら次はみんなというように，定期的に全員が

歌うことです。このことによって，全員の集中力が持続できるのです。
　次にリレー唱です。こんなふうにします。A君「♪あーきのゆうひーにー♪」→B君「♪てーるーやーまーもーみーじー♪」→Cさん「♪こーいもうーすーいーもー♪」→Dさん「♪かーずーあーるーなーかーにー♪」→ 続く……。
　歌わない子へ「後で，誰の歌い方がよかったか，いってもらいます」といって，「歌わない子も参加させる」のがコツです。

④　頭声的発声のみが子どもの声ではない

　ここまで，声づくりについて，述べてきました。しかし，勘違いしないでいただきたいのは，頭声的発声のみが子どもの声ではないということです。声には様々なスタイルがあります。日本の民謡を歌う時のような声，はたまたモンゴルのホーミーといった特殊な声……。発声には無限の可能性があります。子どもたちに民謡を歌わせてみると，頭声的発声にはならないという研究者もいます。
　頭声的発声が学習指導要領に明記されていたのは，過去のこと。いつまでも，それだけに縛られず，もっともっといろんなスタイルの発声を試してみましょう。

⑤　でも頭声的発声にもトライしたい方は…

　「お母さんが電話する時の声ってどんなの？」といって子どもにやらせてみて（「もしもし田中でございます……」などと，きどった裏声で話す子どももいるでしょう），「そうそう，そんな声で歌ってみよう」というような方法もおもしろいですね。「お母さんの声って，みんなに『早くお風呂に入りなさい』という時と，電話に出た時と，違うの？」等のお話をしながら進めると，子どもはのってきます（お風呂はどなり声，電話は頭声的発声）。
　また，楽しみながらロケット模唱（次頁参照）で練習（裏声換声の練習）もしてみましょう。

〈ロケット模唱の例〉
例1） 教　師　「さあ，ロケット打ち上げだよ。3．2．1．0。どっかーん。どぅぅ〜〜〜。どぅぅ〜〜〜」
　　　 子ども　「どぅう〜〜〜」（音を上げていき表声から裏声へ換声させる）
例2） 教　師　「あ〜〜ゆれちゃうよ〜。う〜〜〜〜〜〜」
　　　 子ども　「う〜〜〜」（換声しながら音高を上げ下げする）
例3） 教　師　「あ〜，おっこっちゃう〜。う〜〜〜〜〜」
　　　 子ども　「う〜〜〜」（音を下げ，裏声から表声へ戻す）

　　　　　　　　　　　　　　　＊このロケット模唱は低学年で取り組みたい。

⑥　表声と裏声の切り替えを意識させる方法
　表声と裏声を簡単に切り替えさせる方法です。楽譜のように歌ってみましょう（最初はアでもエでも同じ母音で。次第に変えていく）。オクターブで表声と裏声が切り替わる感じをつかめるように，何回も練習してみましょう。

(2)　呼吸法と歌う姿勢の指導のコツ

① 　息を吸うこと
　ブレスをすると肩を上げ，なかなか腹式で呼吸できない子がいます。こういう子どもには，おなかの中に空気が入ってくる状態を体感させる必要があります。次のような方法を用いてみましょう。
ⅰ）仰向きになって寝ころび，息を吸ってみる。こうすれば腹式のようにお

なかに空気が入ってきます。その時、おなかに手をあてて空気が入ってくることを確認させることも大切です。

ⅱ) 立って体を前方に90度傾けます。そして息を吸います。すると、おなかに空気が入ってきます。この時、両方の横腹に手をあて、空気が入る場所を意識させることが大切です。そして、徐々に体を起こしていきます。直立したままでも、おなかに空気が入るようになれば、しめたものです。

ⅲ) 声を出す時は、「目をあけて鼻をあけて」を意識するのに、息を吸う時はそうしていない子どもが多いです。息は、口と鼻と目で吸い込むことを意識づけましょう。「目で吸うんだ」というと、子どもたちは「むりー」といいながらも、楽しんで思い切り息を吸い込もうとします。

ⅳ) 瞬間的に「はあっ」と、たっぷり吸い込む練習をさせます。

② 息を吐くこと

ⅰ) たっぷりと吸い込んだ後は、一瞬止めて、徐々に少しずつ吐ききる練習をします。「すー」という音を出させるとよいでしょう。この時おなかに手をあてて、息を吐くにしたがっておなかが引っこんでいくことを体感させます。息を吐ききる最後の方は、自分で少しおなかを押す感じで取り組ませるとよいでしょう。

ⅱ) 息は必ず吐ききります。吐ききると自然に空気が入ってくることも体感させます。

ⅲ) 息を一気に「ふぅーっ」と、吐ききる練習もしてみましょう。その時、片方の手をのばし人差し指を立て、そこを目標にするとよいでしょう。「ろうそくの火を一気に吹き消します」といってイメージ化することもよい方法です。

③ 吸って吐いて

ⅰ) 吸って吐く呼吸練習の姿勢は、必ず歌う時と同じようにしたいものです。

ⅱ) 瞬間的に吸って→ゆっくり吐いて（8拍間）→瞬間的に吸って→ゆっくり吐いて（8拍間）……のように，一定のサイクルで呼吸練習をしてみましょう。

④ 歌う姿勢

歌う姿勢は，無理に手を後ろに組むなどする必要はなく，自然に歌いやすいようにすればいいと思います。しかし，これだけは必ず指導したいことがあります。それは体の重心についてです。

指導せず放っておくと，子どもは体重を後ろにかけて歌います（写真1）。つまり，体の重心が後ろに傾いた状態です。こうではなく，体の重心を前に置くことを指導しましょう。

ただし，大げさに前のめりになってはいけません(写真2)。つま先に体重を軽くのせ，やや前に傾くことを意識させるように指導しましょう(写真3)。

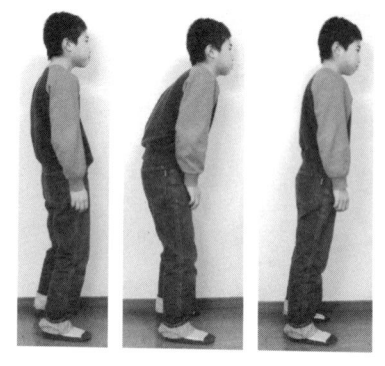

写真1　写真2　写真3

(3) 歌唱指導の効果的な指示

指示のコツのスタンダードに，「AさせたいならBと言え」（岩下 修『AさせたいならBと言え』明治図書，1988）というのがあります。つまり，教師のさせたいこと「A」を，そのままいうのではなく，子どもがイメージしやすい分かりやすい「B」という言葉に置き換えるのです。

「ボリュームのある声で歌わせたいたい」時，「ボリュームのある声で歌いましょう」というのが，「AさせたいならAという」例です。「ボリュームのある声で歌わせたいたい」時，「窓ガラスがビリビリ響くように歌ってみよ

う」というのが,「AさせたいならBという」です。実は,この「B」を,事前にあるいは瞬間的に考え出すことは,教師のセンスに大きくかかわっているのです。

それでは「B」として,効果的な指示をご紹介します。

させたい行為	実際の指導
歌う姿勢をつくりたい時	「髪の毛をつまんで自分を軽く引っ張り上げよう」
歌う姿勢をつくりたい時	「足の親指に少し体重をかけて」
ハミングで口の中を開かせたい時	「ピンポン球を口の中に入れた感じで,ハミングしてみよう」
のどの奥をあけさせたい時	「あくびしながらしゃべって,そのまま歌ってみよう」
一気に息を吐かせたい時	「ろうそくが20本もある,一気に吹き消してみよう」
口が充分開いたか確認させたい時	「耳の下に,人差し指を持っていって,その指が少し入ったら,開いているよ」
声を集めたい時	「○○に向かって声をとばそう」(声を集める対象物を示す)
高音域を歌わせる時	「お尻の穴をしめて,歌ってみよう」
頭声的発声を体感させたい時	「ロケットの打ち上げだ。やってみよう」と指示し,前述の以下の練習をします 教　師 「さあ,ロケット打ち上げだよ。3．2．1．0。どかーん。どぅう～～～」 子ども 「う～～～」(音を上げていき表声から裏声へ換声させる) ＊以降の流れは,p.54の通り。

自信を持ってボリュームのある声で歌わせたい時	子どもたちを全開にしたグランドピアノの周りに集め，「みんなの声でこのピアノを鳴らそう。本当に鳴ったら，みんなの声は本物だ，あ～と声を出してみて。さんはい」と指示します。子どもたちが，「あ～」と声を出す間，教師はペダルを密かに踏んでおきます。そして，指揮で子どもたちの声を止めます。ペダルは踏んだままにして，耳を傾けると，ピアノの中からは，子どもたちの今の声が，「あ～」と聞こえてきます（共鳴です）。子どもたちは，この手品のような現象にものすごく驚きますし，さらに自信を持ってしっかり声を出すようになります

　以上，歌唱指導における効果的な指示の例を紹介しましたが，これらの指示をすれば必ずうまくいく，というものでもありません。自分なりに工夫してみて下さい。大切なことは，AをさせるためにBを考え出す行為そのものなのです。Bを考え出すことが楽しくなるまで，いつも指示に対する意識を高めておくことをお勧めします。

　また前にも述べましたが，指示を出した後，子どもができるようになったら，必ず評価をして下さい。

(4) 「斉唱」から「合唱」へつなげる指導

　一つのメロディーをみんなで歌う斉唱をマスターしたら，次は，複数のメロディーが絡み合うおもしろさを体験させることです。斉唱→輪唱→パートナーソング→部分二部合唱→二部合唱の順に取り組んでみましょう。

① 輪唱

かえるのがっしょう

(岡本敏明 作詞／ドイツ民謡)

2グループに分けて歌うなら，最初のグループが②にいくところから次のグループが歌い始めます。3グループに分けるなら，最初のグループが③にいったら，3番目のグループがスタートします。つまり，2小節ずつ遅れて歌います。何グループででも取り組めるのです。

輪唱のコツは，2番手以降のグループが，前のグループの歌をしっかり聴いて，歌い出しを自ら捉えられるようにすることです。これはなかなか難しいので，最初は教師が合図をするとうまくいきます。また，先にも述べましたが，自分のグループが終了しても，最後のグループの歌まで聴くことを指導しましょう（これは本当に大切なことです）。

この他にも，有名な「静かな湖畔」（外国曲）をはじめ，たくさんの輪唱曲があり，曲集も多数出ていますので求めてみてはいかがでしょうか。

② 楽しくハモろう「パートナーソング」

「故郷の人々」（フォスター 作曲）と「ユモレスク」（ドボルザーク 作曲）を同時に歌うと，ぴったり合うというように，別々の曲だけど合わせるとちゃんとハモる歌のことをパートナーソングといいます。和声の進行が同じなので，2曲同時に歌ってもばっちり合うのです。また，歌詞が全く違う曲なので，つられることなく楽しんで「重ねる」ことができるのも特徴です。

最初から長い曲で取り組まず，耳慣れた短い曲から始めるのがコツです。

もし伴奏をつけるなら，二つの旋律に共通する和音を軽く弾く程度にしておくとよいでしょう。

入門期に適した例を紹介します。「ロンドンばし」と「メリーさんのひつじ」です。

ロンドンばし
(高田三九三 訳詞／イギリス民謡)

ロンドンばしが おちる おちる おちる
ロンドンばしが おちる さあ どう しましょう

メリーさんのひつじ
(高田三九三 訳詞／アメリカ民謡)

メーリさんの ひつじ メエメエ ひつじ
メーリさんの ひつじ まっしろね

他にも，「春がきた」と「ゆき」，「10人のインディアン」と「さあさあスキップしましょう」等，たくさんのパートナーソングがあります。

次に，わらべうたのパートナーソングをご紹介しましょう。

ほたる こい（わらべうた）

ほたるこい やまみちこい
あんどのひかりを ちょいとみてこい

ほ ほ ほたるこい（わらべうた）

　「ほ ほ ほたるこい」を１回歌う間に、「ほたる こい」（前頁）を２回歌います。音の数も少なく、子どもたちは無理なく合わせることを楽しめるでしょう。

　パートナーソングに取り組んで間もない頃は、他のパートに負けまいとして、大きな声でどなるなど、「勝った負けた」の意識を持つ子がいます。そういう時は、「これは勝負ではなく、むしろ二つの曲が仲よく一緒に溶け合うように歌うのがよい」ということを教えたいものですね。

　また、他のパートの声も少しずつ聴きながら（感じながら）、力まず自然に歌えるように指導しましょう。人数を減らして練習するのもよい方法でしょう。

　パートナーソングに関しては、曲集が多数出版されていますので、ぜひ求めてみて下さい。

③　部分二部合唱のコツ「ソーファーミー」

　部分二部合唱とは、曲の中である部分だけを二部合唱にして歌うことです。最初は、曲の終わりの部分に副旋律となるハーモニーをつけてみることをお勧めします。そこで、一つ覚えておくと便利な副旋律、「ソーファーミー」

をご紹介します。

「まきばの朝」（文部省唱歌／船橋栄吉　作曲）の最後の部分は，譜例１のようになっています。この部分を二部合唱にするには，そこへ「ソーファーミー」の副旋律をつけます。すると，譜例２のようなハーモニーが生まれます。

譜例１　カーン　カーン　と

譜例２　カーン　カーン　と

他にも「ソーファーミー」を副旋律にした例を，以下にあげます。

夕やけこやけ
（中村雨紅　作詞／草川信　作曲）

からすと　いっしょに　かえりましょう

春が来た
（文部省唱歌　髙野辰之　作詞／岡野貞一　作曲）

やまにきた　さとにきた　のにも　きた

「ソーファーミー」を使って，どんどん部分二部合唱に取り組んでみましょう。

④　二部合唱指導のコツ

　二部合唱には，当然二つの旋律があります。大きくいえば，主旋律と副旋律です。練習を始めてすぐに，子どもたちがよく訴えるのは，「つられてしまう〜」ということです。つられまいと耳をふさぎ，他の旋律を聞こえない

ようにしてしまう子もいるほどです。これでは、輪唱、パートナーソング、部分二部合唱等で、聴き合い溶け合うように歌ってきた練習が、だいなしです。

　つられず美しいハーモニーをつくり出すため、三つのポイントご紹介します。

　一つ目は、副旋律を充分に歌い込む練習をしましょう。その時、副旋律の大切さも同時に理解させましょう。子どもたちの力に応じて、「副旋律を先に、後から主旋律を」といった練習をすることも効果的でしょう。パートを分ける時、子どもに「自信がある方」を選ばせるとよいでしょう。また、音感のしっかりした子どもは、歌いにくい方のパートに回らせるというような、編成の工夫もするべきでしょう。そして、音がとりにくい子のそばに、しっかり音のとれる子を配置して練習することも重要です。

　先にも述べましたが、輪唱やパートナーソングで獲得したように、他のパートと離れていくのでもなく、勝負するのでもない、「聴き合い溶け合ったハーモニー」を追究しましょう。

　二つ目に、曲中のある部分だけのハーモニーをピックアップして、練習してみましょう。特に難しいハーモニーについては、その部分だけの練習を繰り返しましょう。この方が、短絡的に最初から最後まで通すだけの練習よりも、効率がよいのです。ただし、「ある部分」といっても、少し前の小節からつなげて練習するのがコツです。

　三つ目は、きちんと音がとれて美しいハーモニーになるまでは、ゆっくりゆっくり練習することです。通常の倍以上のテンポで、一つ一つのハーモニーを確認するように練習をすることです。音もとれていないのに、通常のテンポで練習すると、音楽がサーッと流れてしまい、一つ一つのハーモニーをかみしめることも確認することもなく、歌えたような気になってしまうからです。実はこの「歌えたような気になる」ことは危険なことで、小学校のうちにこそ、確実なハーモニーを意識させる必要があるでしょう。

うまい合唱団になればなるほど，一つ一つのハーモニーを確実につくり上げるため，このような練習をしているのです。

(5) 歌唱指導のミニネタ集

① 深い発音で歌わせる方法

深い発音で歌わせるには，母音唱をさせてみましょう。次のような手順です。曲は「星の世界」（川路柳虹 作詞／コンバース 作曲）を例にとります。
i) 音高を一定にして母音唱する。「♪かがやくよぞらの（k<u>a</u>g<u>a</u>y<u>a</u>k<u>u</u>y<u>o</u>z<u>o</u>r<u>a</u>n<u>o</u>）〜♪」の母音（aaauooao）だけをとりだして，「♪あ〜ああうおおあ〜お〜♪」というように。
ii) 旋律をつけてi)のように母音唱する。
iii) 普通の歌詞（子音をつけて）にして，歌う。

この順序で練習すると，母音を意識し深い発音になってきます。

② 歌い出しのかまえをつくらせる方法

前奏だけを伴奏者（CD）に任せて，その時の子どもの様子をしっかり観察します。（姿勢・表情・ブレスをそろえる・出だしの音色をそろえる・口の形等）。そして，最初の音に向かって最高の準備をしている子どもを評価します。

特に，歌い出す前にしっかり，たっぷりブレス（息つぎ）している子どもをほめ，全員のブレスを合わせます。声を出すためには，その前のブレスがそろうことがとても重要であることを，子どもたちに体感させるような指導を心がけたいですね。

③ 跳躍音程（低音から高音へ）を確実にとらせる方法

跳躍する音程（以下の譜例参照。「つばさをください」（山上路夫 作詞／

村井邦彦（作曲））を歌う時，譜例でいうなら「♪な～う～♪」の部分です。この場合，子どもたちはややもすると楽な歌い方をして，音が上がりきらないことがしばしばあります。

♪ か な う な ら ば～

こんな時，例えばウエイトリフティングで，おもりを持ち上げる瞬間の話をして，跳躍音程を歌う時も大きなエネルギーが必要になることを理解させましょう。実際に歌いながら，手で高さのイメージを具体的に示したり，跳躍する瞬間におなかを押してみたり，エネルギーをぶつけるような感じで歌わせてみましょう。また，低い音から高い音をめがけ，ポルタメント（二つの音を滑らかに移動する）でゆっくり確実に上げる練習もしてみましょう。高い音にいく瞬間に，お尻の穴をしめるイメージで筋肉を使うことを指導しましょう。

④ 下降する音程を確実にとらせる方法

下降する音程も子どもたちには，とりにくいものです（上の譜例なら，特に「♪ら～ば～♪」の部分）。必要以上に，どんどん下がって歌う子どもも珍しくありません。これを防ぐため，下がっているけど，「階段を上るようなイメージ」で歌わせましょう。おなかをしめて（お尻の穴をしめて），しっかり目をあけて，ゆっくりしたテンポで息を支えながら練習させることがコツです。「下がるけど上るイメージで！」この言葉を使い続けましょう。

⑤ 変声期を迎えた子どもの指導

変声期の子どもには，「低いパートを歌わせてみる」「それをさらにオクターブ下で歌わせてみる」「裏声で歌わせてみる」等，一番適した方法をその子の声の状態をチェックしながら探ってみましょう。無理は絶対禁物です。

器楽 の授業アイデア

(1) 打楽器 指導

その1 主な打楽器の奏法と遊びのネタ

① トライアングル

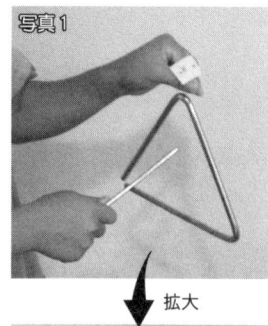

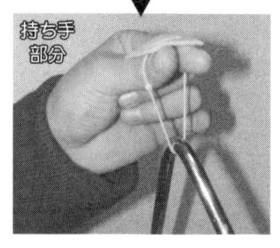

写真1

拡大

持ち手部分

　子どもにとって、持ち方が難しい楽器の代表が、トライアングルです。写真1のように、つりひもに左手の親指と人差し指を入れる方法が、最も安定感のある持ち方といえます。

　人差し指をつりひもに入れ、両方から親指と中指でひもをはさむ（添える）というスタイルも一般的とされています。しかし、この方法は低学年には難しいので写真の方法をお勧めします。また、低学年の子どもには重く支えにくい、大きな楽器を与えないようにしましょう。スタンドに固定すれば、持ち方の悩みからは解放されます。つりひもは細く丈夫なものにし、その長さは楽器に指がふれない程度に、できるだけ短くした方がくるくる回らずにすみます。

　三角形の底辺を内側から軽く打つのが基本ですが、斜辺部を外側から打つこともできます。三角形の上部2辺の内側を、素早く往復させて打つとトレモロ奏法となります。また、左手の人差し指以外で、楽器の上部を軽く握るとミュート（余韻を止めること）できます。

〈トライアングルを使った遊びのネタ（全学年向き）〉

　打った後、トライアングルに向かって手で風を送ってみましょう。ビブラート（音の揺れ）がかかって、子どもたちは興味深く聴き入ることでしょう。誰が一番ビブラートを強くかけられるでしょうか。息を吹きかけたらどうなるでしょうか。いろいろ試してみましょう。

② 鈴（スズ）

　写真2のように，かまえます。右手のこぶしで左手のこぶしを打ちます。左手首を振るとトレモロ奏ができます。

〈鈴を使った遊びのネタ（1〜3年生向き）〉
・音の強弱を意識させる方法を紹介します。子どもに目をつぶらせ，教師が「サンタクロースがそりにのってやってくるよ」といいながら，*p*から*f*へと強さを変化させて鈴を打ちます。子どもの脳裏には，本当にサンタさんがやってくるような情景が浮かびます。このような体験をさせた後，子どもたちに「サンタさんは今遠いところにいる」，「今はとっても近くまで来たよ」「そんな音を出してみよう」といって，強弱を打ち分けさせるような働きかけをしてみましょう。「そこは強く打ちなさい」「弱く打ちなさい」というような直接的な指示より，数段効果的な感性に訴える指示になります。
・左手に鈴を持って，右手で体のいろいろな場所をたたいて出る音の変化を試してみるのもおもしろいですね。「体を伝わる振動が鈴を鳴らす」ことまで，発見できるでしょう。
・手や足につけて，様々なリズムではねてみるのも楽しいでしょう。動きと音が合わさると，子どもたちからは楽しいポーズが生まれてきます。

③ タンブリン

　基本的な持ち方（写真3）は，左の親指で穴の上の鼓面のはしを押さえ，残りの指で枠の内側を支えます。穴の中に指を入れるようなことはしません。教師が勘違いし，穴に指を入れる指導をしていることがあります。危険を伴う場合もあるので，この点はしっかり指導しましょう。
　右手は自然に曲げ，指の腹で弾むように打ちます。右手をこぶしにして，

タンブリンを持つ左手の近くの枠を軽く打つ（枠打ち）と、また違った音色が得られます。トレモロ奏をする時は、楽器を垂直にして鈴と同様に左手首を振ります。楽器を垂直にして、打つこともちろんできます。

〈タンブリンを使った遊びのネタ（全学年向き）〉

　写真のように楽器を水平にして打つと、ジングル（周りの鈴）の余韻はほとんどありませんが、垂直にして打つと響きに余韻が残ります。子どもたちに、水平時と垂直時の余韻の違いを聴き分けさせてみましょう。打つ前に、「どっちの音が長く伸びると思う？　そう思う理由は？（中～高学年向き）」「音のしっぽ、どっちが長いだろうねぇ？（低学年向き）」というように子どものイメージしやすい言葉を選んで、クイズにしてみましょう。

④　カスタネット

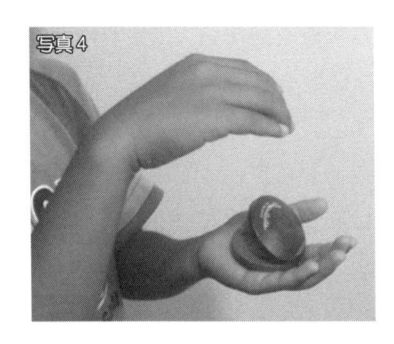

　写真4のように、左手の人差し指か中指をゴム輪に通し（結び目のある面を下にして）、握らず自然な形で楽器を持ちます。右手はおにぎりを握るようにやわらかく曲げ（おいでおいでのように）、指の腹で弾むように打ちます。決して、平手でべたべた打たないようにしましょう。

〈カスタネットを使った遊びのネタ（低学年向き）〉

　友達と向かい合って何かの曲を歌いながら、1拍ごとに「友達のカスタネット→自分のカスタネット→友達のカスタネット→自分のカスタネット……」というような打ち方をして、遊んでみましょう。カスタネットが合奏で受け持つことの多い、「後打ちリズム」の練習にもなります。

⑤　木琴・鉄琴

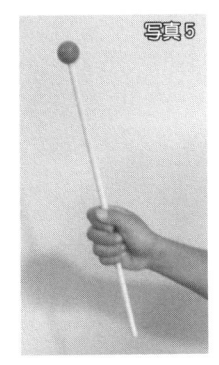

　　ばちは，写真5のように持ちます。わしづかみのように握るのではなく，親指と人差し指でつかみ，残りの指を添えるような意識を持たせてみましょう。

　　ばちには，毛糸巻き，綿糸巻き，ハードラバー，ソフトラバー等，様々な種類があり，それによって音色も違ってきます。曲調に合わせてばちを選ぶことはとても大切です。ばちさえ変えれば素晴らしい合奏になるのに……，と思わされる例もたくさんあります。ほんの少しのこだわりで，演奏が大きく変わるのです。そのようなこだわりを持つためには，教師自身が様々なばちによる音色の違いを体験しておく必要があります。

　楽器の高さは，子どもの腰の高さにセットしましょう。奏法に関しては，両手交互打ちが原則ですが，低学年で難しい場合，片手のみの演奏でもかまいません。

　木琴は長い音を持続することができないため，同じ音板を何度も交互に打つ奏法（トレモロ奏）になることがあります。その時は脇をしめすぎず，楽にかまえ，手首のスナップを効かせて素早く交互にばちを動かしましょう。

⑥　小太鼓

　ばちの持ち方には，トラディショナルグリップ（左はうちわであおぐように：写真7，右は木琴のばちのように持つ：写真6），マッチドグリップ（左右とも木琴のばちのように持つ：写真8）の2種類があります。低学年には，マッチドグリップが適しているといえるでしょう。打ち方は，原則的には左右交互にしてみて下さい。低学年でそれが難しい場合は，ばち一本打ちも可能です。枠（リム）を打つような奏法も試してみましょう。

　また，鼓面（ヘッド）の高さが，ちょうどおへその下あたりにくるようにし，トラディショナルグリップでは奏者から見て右あるいは右前方を低く傾けま

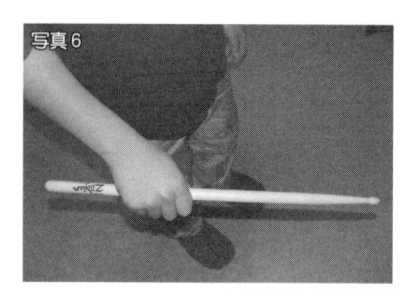

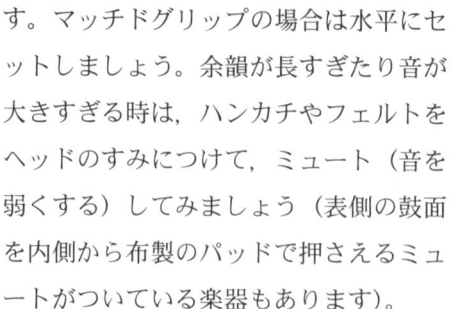

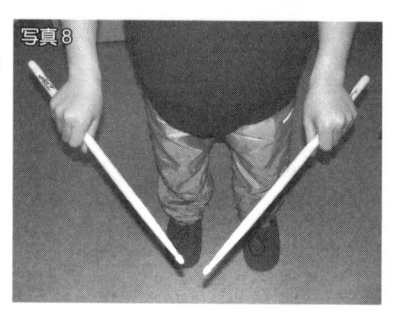

す。マッチドグリップの場合は水平にセットしましょう。余韻が長すぎたり音が大きすぎる時は、ハンカチやフェルトをヘッドのすみにつけて、ミュート（音を弱くする）してみましょう（表側の鼓面を内側から布製のパッドで押さえるミュートがついている楽器もあります）。

⑦　大太鼓

　鼓面は床に対して垂直に、その中心はおへそのあたりにくるようにセットするのが一般的です（場合によってはスタンドに斜めにセットする方法もあり、この方が打ちやすいという子どももいます。子どもの状態に合わせて下さい）。右手を自然に上げて、ばちの頭が鼓面の中心に届くように近づき、打点が見えるようにやや右よりに立ちます。この「立ち位置」は、大太鼓を演奏する時、重要なポイントとなります。

　鼓面に対してほぼ直角に打つ、45°くらいのイメージで斜め上から打ち下ろす等、角度、あるいは強さを、よく吟味して演奏させましょう。必要以上に鼓面からばちを遠くに離しすぎる子どもがいるので、注意しましょう。また、鼓面のどの場所を打つのかによっても、音が変わってきます。

　合奏などの場合、大太鼓の音量一つで演奏の良し悪しが決定することも多くあります。ですから、特に大太鼓にはデリケートなこだわりを持った配慮

が必要です。また，残響音も長いので，左手を打った面になで上げるようにあて，ミュートすることも必要です（曲にもよりますが……）。応援団で打つ大太鼓，合奏で打つ大太鼓の違いを，丁寧に指導することも大切でしょう。この点を混同している子ども（教師？）も，たくさんいるのです。

その2　子どもがのってくる打楽器指導のポイント

①　楽しみながら奏法を身につけさせる方法

　特に低学年においては，音を出すことなくかまえ方や打ち方ばかりを口やかましくいうような，おもしろみのない指導をしないことが鉄則です。いい換えれば，いろんな打ち方，鳴らし方を子どもたちと一緒に試し，実際に音色を確かめながら「自然に適切な奏法を身につけさせる」というような指導法をとることが重要なのです。つまり，楽しみながら奏法を身につけさせることがポイントとなってきます。そのために教師は，前述したような楽器遊びのネタを，たくさん持っていることが大切です。

②　音を出す時，出さない時の指導を！

　とりわけ鈴とタンブリンは，子どもが手にしている間中，チャラチャラと常に音が出てしまいがちな楽器です。つまり，子どもの意図に関係なく，持っているだけで，けじめのない音が継続的に発せられるという状況におちいりやすいのです。ですから，これらの楽器で遊ぶ時は，「音を出す時」と「音を出さない時」の区別を，少しずつあせらずに意識づけることが大切になります。

　そーっと音を出さずに楽器を持ち上げるゲームをしてみたり，楽器を手から離す時の合図を決めたり，とにかく根気よく指導を続けましょう。そして，音を出さない瞬間が生じたら指導的評価をして，そのことを定着させましょう。

③　打たせる指導のコツ

　和太鼓では，ばちを鼓面に打ち込むというような奏法もありますが，前頁

で紹介したような打楽器は，弾ませて打つことがコツです。特に「はねあげるモーションの大きさ」が，音の強弱を決定する大切な要因であることを意識させることが重要でしょう。このことは，子どもだけでなく教師も常に意識しておきたいものです。

④ 楽器の高さに細心の注意を払う

　楽器の高さに配慮することは，器楽指導において教師の怠りがちなポイントです。私が指導におじゃまする学校でも，胸のあたりにセッティングした小太鼓を演奏させていたりすることが珍しくありません（打ちにくいことこの上なしです）。これは，教師がその楽器を事前に演奏していない証拠ともいえるでしょう。教師が実際に演奏してみたら，そんな高さが適当かどうかは，いっぺんに分かるからです。

　鉄則は，スタンド等で高さの調節を図ることです。調節可能なスタンドでない場合は，子どもを台にのせる等して（大きな安定感のある台にして下さい。不安定だと逆効果），必ず演奏しやすい高さに設定してみて下さい。

⑤ 簡易打楽器は幼稚な楽器？

　高学年になると，幼稚園や低学年が主に使う楽器，特にカスタネット，トライアングル，タンブリン等を幼稚なものとして，好まなくなります。しかし，これは子どもの思いこみのことが多いのです。ですから，その意識を払拭する必要があります。

　その方法として例えば，教師がトライアングルでミュートをして複雑なリズムを打って見せてみましょう（特に子どもたちがあこがれる歌手・バンド等の曲に合わせて打つと効果は抜群です）。

　教師が範奏できない場合は，タンブリンやトライアングルのかっこいい奏法が使われているＤＶＤ（これも，子どもたちがあこがれるバンドなど見せると効果は抜群です）等を見せるのもよいでしょう。

(2) 鍵盤ハーモニカ 指導

その1 最初の指導

① 最初が肝心，ホースとつば抜きの指導

　鍵盤ハーモニカは，1年生から登場する楽器です。この指導で一番困るのは，「ホースが抜けた～」という子どもたちの訴えの多さです。こんなアクシデントの連続で，音楽の指導に行き着くまでに授業が終わってしまうこともしばしば……。先生はくたくた……。よくある光景です。

　ホースが抜けないようにセットするには，写真2のように45°くらいの角度をつけることです。最初は写真1のように差し込み，そのまま写真2までいくようにジョイント部を回転させましょう。すると，抜けにくくなります。また，取り外す時は，この逆で，写真2から回転させて写真1へ戻しましょう。すると，すぐ抜けます。

　このようなことを，鍵盤ハーモニカ授業の最初に，必ず指導しましょう。とにかく最初が肝心です。

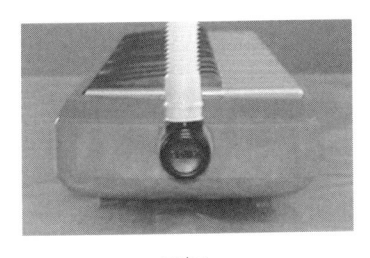

写真1 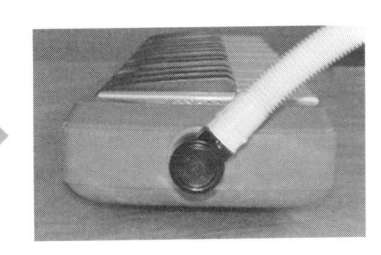　　→　　写真2

　つば抜きの指導も最初にしておきたいものです。ホースを振り回して，つばをまき散らす子どもがいますが，これは他の子の迷惑にもなるので，きちんと注意をしましょう。ホースと楽器本体のジョイント部に布をあて，そこへ水滴を静かに落とすようにして，つばを抜くよう指導しましょう。

② 鍵盤ハーモニカって吹く楽器？ 弾く楽器？

「ドドドドド〜」と同じ音を弾く時，ピアノなら当然1回ずつ弾き直します。しかし，鍵盤ハーモニカでは，原則的に同じ音の場合は弾き直しません。タンギングをして区切りをつけるのです。これは，3年生から取り組むリコーダー指導にもつながる重要なポイントですが，知らない先生も結構いて，驚くことがあります。そうです，鍵盤ハーモニカは，弾く楽器ではなくて吹く楽器なのです。

③ クラクション遊び

鍵盤ハーモニカの「ドの♯」と「レの♯」を同時に吹くと，クラクションのような音がします。これを吹いて遊んでみましょう。「バスごっこ」（香山美子 作詞／湯山昭 作曲）の替え歌で楽しんでみましょう。

先生が歌って，子どもが鍵盤ハーモニカを吹き，音楽の流れを止めず，歌詞の「じょうずに」を「大きく」とか「小さく」とかに替えてみると，演奏が大きくなったり小さくなったり……。おもしろいですね。

バスごっこ
（香山美子 作詞／湯山昭 作曲／高見仁志 替え歌）

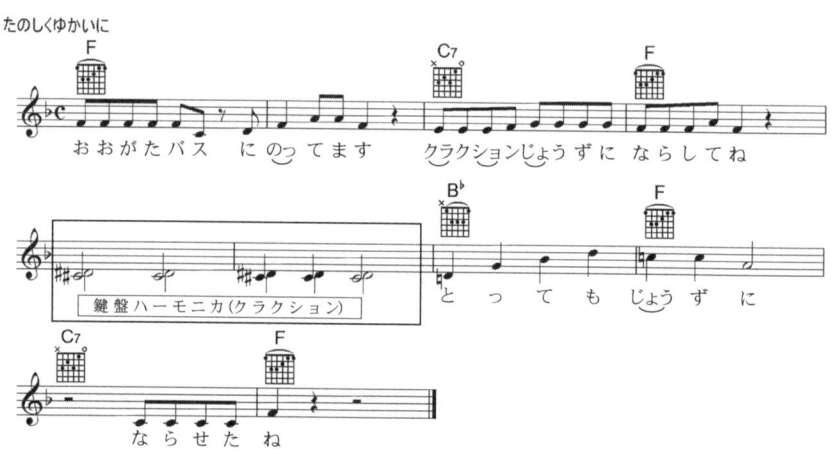

他にも，救急車のサイレンの音（シ♭とファ♯）を鍵盤ハーモニカでマネする等，初めは音を出すことを楽しみましょう（これはリコーダー指導にもいえます）。

その2　指づかい

① 「ド」と「ソ」の位置を教えよう

　運指指導の基本は鍵盤の位置を覚えさせることです。鍵盤にシールを貼ったり，ドレミを直接書き込んだりしている楽器を見かけることがありますが，あまり感心した方法ではありません。やはり，鍵盤を見てどこがドなのかソなのか分かるようになるまで指導しましょう。ドとソの位置は，次の歌を使って楽しみながら覚えましょう。

どんぐりさんの　おうち

（久野静夫　作詞／市川都志春　作曲）

　1番を歌った後に次のように鍵盤ハーモニカで，「ドドド～」と吹いてみましょう。

　2番を歌った後は，「ソソソ～」と吹いてみましょう。

　ド（どんぐりさん）は，二つのお山（黒鍵の並び二つを，「二つのお山」

としています）の左側に，ソ（そらまめさん）は，三つのお山（黒鍵の並び三つを，「三つのお山」としています）の中にあることが分かる，覚えやすい歌です。

　二つのお山は，先に紹介したクラクションの黒鍵，三つのお山は，救急車のサイレンの黒鍵，このことにも関連づけて遊んでみましょう。

② 5指全ての音を教えよう

　最初は，「親指＝ド・人差し指＝レ・中指＝ミ・薬指＝ファ・小指＝ソ」のように，指と音を固定して指導した方が混乱が少ないです（2年生，3年生では，指くぐりや音と指の固定を解除した指導もしたいですが……）。

　まずは，次のような歌「おやゆびさんは？」（高見仁志 作詞・作曲）で楽しんでみましょう。

　この曲では，先生が歌って子どもが「鍵盤ハーモニカ」の部分を吹きます。「こゆびさんから　おりましょう」を，「おやゆびさんから　のぼりましょ」に変えると，上行の練習になります。また，テンポを変えたり強弱を変えたりして歌ってみましょう。先生の変化に応えて吹けるようになり始めると，音楽的になってきます。1曲の中に先生の指示的な歌があって，それに応えて演奏するという交互奏です。

　コツは，強弱・速度の変化等，様々なパターンを，拍の流れを止めずに繰り返すことです。おやゆびさんはA君，人差し指はBさん，「こゆびさんからおりましょう」を全員で等，分担してみるのもおもしろいでしょう。個人だけに分担せず，全員で演奏するところをつくっておくのが，ポイントです。

おやゆびさんは？

(高見仁志 作詞・作曲)

おやゆびさんは 鍵盤ハーモニカ ひとさしゆびさん 鍵盤ハーモニカ
なかゆびさんは 鍵盤ハーモニカ くすりゆびさん 鍵盤ハーモニカ
こゆびさんは 鍵盤ハーモニカ こゆびさんから おりましょう
鍵盤ハーモニカ

(3) リコーダー 指導

その1 導入期

① 右手・左手の確認

　リコーダーを持つ時，右手と左手を間違って覚えている子どもがたまにいます（つまり，右手が上で左手が下）。これは完全に，導入期で教師が気づいていないことが原因です。もし導入期に間違って覚えてしまったら，高学年でなおすのは難しいことを肝に銘じて指導しましょう。向かい合ってばかりで指導すると，どうしても子どもは手が上下反対になるので，教師は子どもと同じ方を向いて指導したり，時には子どもの後ろに回って，上と下を示したりしてみましょう。

② 最初はシから始めよう

　最初に吹く音は，「シ」。下のように吹かせてみましょう。

　これだけだと，同じ音でおもしろくないので，下のような伴奏をつけてみましょう。この伴奏が入ると和声感が生まれ，同じ音でも音楽が流れて聞こえてきます。

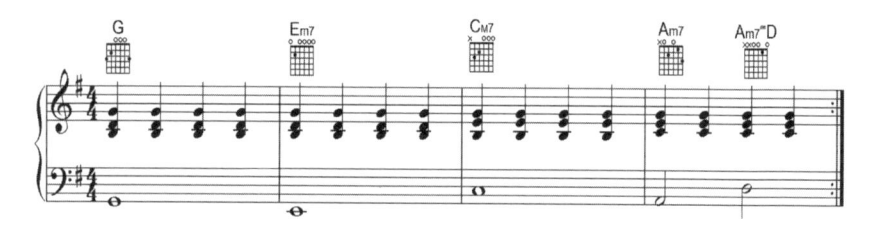

　また，1小節目はA君，2小節目はB君，3小節目はCさん，4小節目はみんなでといったリレー奏もおもしろいでしょう。ここでも，個人だけに分担せず，全員で演奏するところをつくっておく指導のポイントを活用しています。

③ シの次は，ラ・ソ・ド・レ・ファ・ミ・レ・ド

シが吹けたら，次からはラ・ソ・ド・レ・ファ・ミ・レ・ドの順に指使いを指導しましょう。最初は，シとラの2音でわらべうたを，「シーソーシーソー」で救急車の音マネをするなど，音遊びをしてみましょう。また，覚えた指づかいで曲の一部分を演奏してもおもしろいですね。必ず全曲を通して吹く必要はないのです。次に例を示します。

「ゆかいなまきば」（小林幹治 作詞／アメリカ民謡）という曲なら，「♪イーアイ イーアイオー♪」の部分をリコーダーで吹いてみるという方法です（音楽教科書『小学音楽 音楽のおくりもの3』教育出版，2004を参照）。

この他にも曲の一部分なら，シラソ等の少ない音で吹くことができます。

④ タンギングの指導

タンギングは，子どもにとって難しいのであせらず根気よく指導しましょう。トゥーという舌づかいが一般的ですが，高い音はティー，低い音はト（ド）ーという感じで吹かせてみましょう。ここでのタンギング指導がスムーズになるためにも，鍵盤ハーモニカのタンギング指導（同じ音を弾き直さない指導）が重要になってきます。

⑤ 姿勢の指導

子どもは猫背で吹きますので，背筋をピンと伸ばすだけでも音が変わってくることを指導しましょう。体に対するリコーダーの位置（高さ）にも気を配って指導しましょう。

座奏の時，机の上にリコーダーの下部をのせて，水平に近いような変な角

度で演奏する子どももいるので要注意です。

⑥　ソラシは左手しか使わないのだから，片手演奏で……それじゃダメ！

　導入期はソラシの音であることは前述の通りですが，片手の指づかいだけで音を出すところがくせものです。放っておくと右手を添えず左手だけで演奏している子も多いのです。ソラシを吹く時も必ず，右手の親指で楽器を支えることを指導しましょう（最初は支えやすいところを持たせてもよい）。

　先生が思いもよらぬ落とし穴。それは，子どもは面倒くさがり屋だということです。このことを頭に置いて指導すると，他にもうまい方法が発見できるものです。

⑦　指の上げ方の指導

　先ほど「子どもは面倒くさがり屋で，いらない力は極力使わない」というようなことを述べましたが，トーンホール（穴）からの指の上げ方（離し方）はそうではないのです。どうしてそんなに指を上げるのかという程，穴から離している子がいます。必要以上にエネルギーを使っています。水泳の初心者がクロールの息つぎをする時，やけに体を上げているのと同じようです。

　この原因は，運指が難しく指に意識がいくあまり，力んでしまっていることです。そんな時は，力を抜いてゆっくり練習させて下さい。速く吹こうとすればするほど指が上がります。ですから，ゆっくりゆっくり，少しだけ指を上げる練習に取り組ませましょう。

⑧　くわえ方の指導

　深くくわえすぎの子どもにも要注意です。「唇に軽くのせる感じで」と指導しましょう。くわえすぎの子どもは，タンギングもしていないことが多いのです。

導入期には,たくさんすることがありますが,深くくわえて「ホーホー」とタンギングなしで吹く子どもを見つけて,早急に指導することはとても大切なことです。

その2 ある程度音を覚えてからの指導
① 交互奏で実力アップ

交互奏をしてみましょう。次のようにやってみましょう。

〈交互奏例①〉

教　師：「♪ソ〜ソ〜ソ〜♪」（ピアノかギター伴奏で歌う。ちなみにリコーダーにはギターがとてもよく合う）
子ども：「ソ〜ソ〜ソ〜」（リコーダーで）
教　師：「♪ラ〜ラ〜ラ〜♪」（ピアノかギター伴奏で歌う）
子ども：「ラ〜ラ〜ラ〜」（リコーダーで）
教　師：「♪ソラソラソ〜♪」（ピアノかギター伴奏で歌う）
子ども：「ソラソラソ〜」（リコーダーで）

上のようにノンストップで（拍の流れを止めないで），他にもいろいろ音を変えて様々な指づかいをトレーニングしてみましょう。高学年になるほど,速いフレーズ等を吹かせてみましょう。次のような交互奏もしてみましょう。

〈交互奏例②〉

教　師：「ソラシラソー」（リコーダーで）
子ども：「ソラシラソー」（リコーダーで）
教　師：「ラシドシラー」（リコーダーで）
子ども：「ラシドシラー」（リコーダーで）

これもノンストップでどんどん発展させます。交互奏例①は,階名を歌ってもらえますが,交互奏例②では,歌ってもらえません。②は教師の出す音を

聴いて（教師の指を見るのも最初はＯＫ）応えるため，より集中力が必要となります。このような集中をしかけていくことも，大切な指導のポイントです。

また②の発展として，子どもに目をつぶらせて耳だけを頼りに交互奏させてみましょう。ものすごい集中力が生まれます。

② 音楽的な演奏にさせるコツ

歌唱では表現の工夫を試みるのに，器楽ではそうでないという先生をたまに見かけます。不思議ですが，本当にいらっしゃいます。前にも述べたように，リコーダー演奏は「音符が吹けたら終わり」ではありません。当然ながら表現の工夫がまだ残っています。

表現の工夫として，小学生の演奏なら次の点を工夫してみるとよいでしょう。

i) 強弱をつける

楽譜に強弱を示す記号が記されていることが多いですが，子どもたちに考えさせるのもおもしろいですね。

〈強弱を示す記号の例〉

pp	ピアニッシモ	すごく弱く
p	ピアノ	弱く
mp	メゾピアノ	やや弱く
mf	メゾフォルテ	やや強く
f	フォルテ	強く
ff	フォルティッシモ	すごく強く
sf	スフォルツァンド	特に強く
fz	フォルツァンド	特に強く
＞，∧	アクセント	アクセントをつけて
cresc. ＜	クレッシェンド	だんだん強く
decresc. ＞	デクレッシェンド	だんだん弱く

ii) テンポ，リズムに微妙な変化をつける

　アゴーギク（速度法）といいます。楽譜にも記されていることがありますが（以下参照），事前に教師が演奏してみて（教材研究して）その曲のテンポ，リズムの微妙な変化を自分なりに捉えておくことが最も重要です。

〈速度変化を示す記号の例〉

accel.	アッチェレランド	だんだん速く
rit.	リタルダンド	だんだん遅く
rall.	ラレンタンド	だんだんゆるやかに

iii) アーティキュレーションを決める

　曲の感じにふさわしい音の形を決めることです。例えば，スタッカート（音を切って演奏），レガート（とぎれさせずになめらかに続けて演奏），マルカート（一音一音はっきりと演奏），テヌート（音を保って演奏）等，音楽に表情を持たせて演奏してみましょう。

　以上のような表現の工夫は，リコーダーのみで練習せず，その部分を歌ってからリコーダーで再現してみるというような，「歌を取り入れた方法」も活用してみて下さい。きっと，リコーダーで歌うような演奏になってくるはずです。

　また，ここで紹介した表現の工夫は，合奏を仕上げる時にも応用してほしいことがらばかりです。

③　いろいろなタンギング

　タンギングは，「tu〜」という発音ばかりで指導しがちですが，次のようなものもあります。

- やわらかい音がほしい………「to」
- あたたかい音色がほしい……「ru」「dyu」
- 豊かな低音がほしい…………「ro」
- スタッカート…………………「tu」
- ダブルタンギング……………「tuk tuk tuk……」

　いろいろなタンギングを試してみましょう。

　まれに,「舌を楽器にあてた瞬間に音を出す」と思っている子もいますので,「舌をひいた瞬間に音が出る」ということを指導し体感させましょう。

　また,音を止める時にも,舌先を上の歯の裏側にあてて止めましょう。

④　サミング指導のコツ

　サミングとは,高音を出す時,左手親指の穴を少しあける（本当に少しだけ）ことです。なるべく指の先端に近いところで穴をふさぐ練習をしましょう。第一関節を曲げてサミングする方法が,一番よいでしょう。

　教科書によっては,トーンホール半開に近いような図で説明してありますので,教師がほとんど黒く塗りつぶした絵を黒板に書いて示しましょう。音が高くなるにつれて強い息を入れましょう。しかし,タンギングは強くしすぎないようにして下さい。

　子どもたちは,平気で変な指づかいをしていることがありますので,必ず教師が一人ずつ確認しましょう。

⑤　片手専用リコーダー

　手や指に障害を持った子どももいます。そのような子どものために,片手で吹けるリコーダーがあります（右写真）。左手用も右手用も発売されています。ソプラノもアルトもそろっています。このようなリコーダーを使うことによって,

写真提供：
ヤマハ株式会社

ハンディを少しでも克服して自由に音楽活動に取り組めるように指導したいものです。また教師は，このような楽器を導入するだけでなく，片手リコーダーでも演奏可能な楽譜にアレンジする等，誰もが音楽を楽しめるような環境づくりに努めたいものです。

どの子も音楽を楽しめる機会を均等に設定することは，最初に述べた「全ての子が大切にされる授業」につながることで，教育の根幹をなすことといってもよいでしょう。

(4) 合奏 指導

その1　指導するまでの準備のポイント

① 基本の考え方①：合奏指導は学級づくりそのもの！

合奏に取り組む上で，子どもたちは様々なパートに分かれ，時には一人で一つのパートを担うことさえあります。また，「カスタネットは演奏しているけど，鉄琴は休んでいる」というようなこともしばしばあります。これらはまさに，合奏の取り組みが，「分業して協働する社会の姿そのもの」に通じることを意味しています。

ですから，合奏に取り組む時，教師は「子どもの音楽性と，それにあわせて社会性をも育むのだ」という意識を持った働きかけをすると，うまくいくことが多いでしょう。具体的にいうと次の二つの働きかけが大切となります。

一つ目は「自分が休んでいる時も，他の子の楽器をしっかり聴いたり指揮を見たりして，音楽から（活動から）意識を切らない（つまり，自分以外のことにも意識を向ける）」ということの大切さを教えることです。

二つ目は，「どの楽器が欠けても合奏が仕上がらない。どの楽器も大切。これは，どの子も大切ということと同じ」ということを常に語りかけることです。自分と友達のつながりを認め合うクラスにこそ，感動ある音楽が生まれるのです。

以上の大前提を踏まえて，具体的な合奏指導のポイントを，次に紹介しましょう。

② 基本の考え方②：拍の流れを共有させる指導を！

前述した「自分が休んでいる時も，他の子の楽器をしっかり聴いたり指揮を見たりして，音楽から（活動から）意識を切らない（つまり，自分以外のことにも意識を向ける）」に関して，特に全員に拍の流れを感じさせましょう。全員が拍の流れを感じるように演奏させることは，合奏指導の基本です。

③ 基本の考え方③：合奏指導は時間のロスとの戦い

どんな指導でもそうですが，特に合奏指導は事前の準備が，演奏の成否を決定づけます。なぜなら，たくさんのパートをかかえた曲を短時間で効率よく指導することが，合奏には求められるからです。いってみれば，「合奏指導は時間のロスとの戦い」なのです。できる限りロスを少なくし，達成感の味わえる準備のポイントを次にご紹介します。

◆曲選び・楽譜選びのコツ

先生方に「なぜこの曲を選びましたか」と尋ねると，「のりがいいから」「はやっているから」「子どもがよく知っているから」などと，コマーシャリズムに流されたような理由が返ってくることもしばしばです。これでは，子どもの発達を考慮した選曲をしているとはいえません。やはり一番大切なことは，子どもの発達・実態にあった選曲をしようと常に心がけることでしょう。

大原則は，

> 無理のないところで，確実に質高く仕上げるため，難しい曲を選ばない。

ということでしょう。

私がおじゃまする学校でも，難曲を選びすぎて先生も子どもも四苦八苦し，結局半分も仕上がらないで音楽会を迎えた，などという例があるのです。
　また，クラスの実態に合った楽譜を選ぶことも大切です。特にクラスの人数に適した編成の楽譜を選ぶことが重要です。

◆スコア読み（スコアリーディング）のコツ

　指導する前に，選んだスコア（総譜）を熟読・研究しておくことは合奏指導の基本です。次の順序でトライしてみましょう。

ⅰ）スコアを読み，全てのパートを歌う→そして演奏する
　　事前に楽器で演奏して（さらって）おくだけでなく，歌って（階名唱）おくことがポイントです。こうしておくと，指導する時「♪ドソレラミシソ〜♪」と，すぐに階名を歌いながら示せるという利点があります。またこのことは，「歌えることは→演奏できる」という指導の順序性にも従った方法なのです。全パートが自分のものになるまで，がんばって歌い→楽器でさらっておいて下さい。

ⅱ）各パートの役割を考える
　　ちょっと専門的になりますが，どのパートがどんな役割（メロディー・オブリガート・内声・ベース・リズム……）を担当しているか，事前に読んでおきましょう。

ⅲ）人数構成を考える
　　どのパートに何人あてるのかということは，合奏の成否を握る超重要ポイントです。次の点を参考に，パートに人数を割り当てて下さい。
　　・主役になる楽器は人数を多めに（オーケストラのバイオリンの役割を担うイメージで）
　　・ボリューム調節できる電子楽器は一人でもよい
　　・合奏の中で，特殊効果を期待された楽器や，大太鼓，ティンパニ等の打楽器のような音質が特徴的な楽器は，一人でよい

- 音がよく通る楽器（例えば，グロッケン，鉄琴）は，少人数（一人）で
- 合奏した時のサウンドを頭の中にシミュレーションし（頭の中に想像して響かせ），人数配当する

　どうしても自分で人数調整が難しい場合は，人数を示した楽譜もあるのでそれを参考にしてみるのも一つの方法です。とにかく，何回も試行錯誤することが一番大切です。

ⅳ）同じリズム・メロディーのパートをチェックしておく

　スコアでは，同じリズム・メロディーを持つパートでも，別々の段に表記されていることも少なくありません。ですから，同じメロディー・リズムを持つパートを切り貼りする等して，くっつけて見やすい楽譜にするとよいでしょう。先ほど述べた，「ロスとの戦い」は，「繁雑さとの戦い」でもあるのです。また，ベースのリズムが大太鼓のリズムとほんの少しだけ違うような場合，指導しやすいように一つに統一するような手直しはかまわないでしょう。

コラム 「教材研究」

　私が新人教師の頃，こんなことを先輩に教わりました。それは，国語科における物語文の教材研究の方法に関してでした。先輩曰く，
　「物語文の発問づくりは，こうするのだ。まずノートに物語文全部を書き写す。句読点に至るまで全て同じように手書きで写す。写す時に，行間をたっぷりとっておく。写せたら，全ての行間に，その箇所の感想や疑問を記していく。こうして莫大な量の『感想・疑問集』ができたら，その中から最も子どもに伝えたいもの，教えたいものを数個選ぶ。そして，選んだものを基に，主となる発問をつくるのだ」。
　私は，教材研究とは，教師の準備とは，このようなものかと目から鱗が落ちる思いがしました。これを音楽科に置き換えてみると，「スコアは一度全部教師が写してみる」くらいの気構えが必要なのでしょう。私は，既製のスコアを写すことはしませんでしたが，必ず自分で編曲して手書きのスコアをつくっていました。こうすればスコアリーディングの手間が省け，子どもの実態にも合った楽譜となり一石二鳥の効果がありました。
　また，合奏でも歌でも，教師が事前に弾いたり歌ったりすることで，子どものおちいる悪いパターン，難しい箇所等をチェックし，その克服法も考え用意しておくことが望ましいでしょう。まさに，教材研究に王道なし，ですね。

その2 指導の順序

合奏指導は，次の順序で指導するとうまくいきます。

① パート練習

最初はパート練習から始めましょう。各パート（楽器）に別れ，できるだけ「歌う」→「演奏する」の順で練習しましょう。

打楽器の子どもは，自分のパートのリズムを「歌う」→「歌いながら手を打つ」→（「手だけを打つ」）→「歌いながら楽器を打つ」→「楽器だけを打つ」の順序で練習します（指導の順序性）。打楽器の練習で歌う（唱える）場合は，そのリズムを「タ・タ・タ・タ・タ・タ・タ・タ」のように，「タ」とか「ウン」だけで歌わせず，例えば「す・て・き・な・お・と・だ・よ」のように，意味のある覚えやすい言葉を当てはめてみましょう。「タ」とか「ウン」だけでは，子どもはリズムにのるよりも，「タ」の数を指折り数え「何回いったらいいの～？」と，そんなことに一生懸命になってしまいます。

また，一つだけの楽器（例えば大太鼓，等）やリズム隊，役割が同じ楽器は，集まって練習（小さなアンサンブルのイメージ）するとよいでしょう。

前述の楽器の奏法や演奏法を頭に入れて練習させることも大切です。

② 全体で合わせる（手拍子を使って指導）

パート練習が終了したら，全体で合わせましょう。教師はいきなり指揮をしないで，最初は手拍子で指導してもいいと思います。また，最初はテンポを遅くして練習しましょう。

楽譜の１小節目から合わせなくても，全員で演奏するところから全体練習を始めてみるのも一つの手です（これは，最初から待ちのパートをつくらない工夫です）。

子どもたちは，二分音符や全音符（いわゆる白玉音符）では，テンポを速

くして次に進もうとしますので，しっかり手拍子でテンポキープをして下さい。

　合わせながら，「この部分は，ちょっとまだパート練習が足りないな」と感じたら，その箇所を取り上げて，拍の流れを止めず遅いテンポから少しずつ速くして何回も繰り返すという練習をしましょう。この時のコツは，流れを止めず何回もリピートさせることです（低学年なら交互奏を使ってもいいでしょう）。

③　だいたい合ってきたら，指揮に力を入れる（指揮に集中させる方法）
　だいたい合ってきたら，手拍子を今度は指揮に変えて音楽的に仕上げていきましょう（p. 82〜83参照）。この時大切なことは，指揮に集中することと，指揮の要求に応える意味を教えることです。よく，「先生を見なさい」「棒をしっかり見なさい」というだけの指導をしている先生がいますが，これでは「どのように見て，どう応えればよいのか」が明確ではないので，指導していないのと同じでしょう。これを避けるためにも，次のように進めてみてはいかがでしょうか。
i)　まずは子どもたちを指揮に集中させましょう（次の手順で進めてみて下さい）
　　教師がボールを放りあげ，受けたと同時に楽器を1音だけ演奏させます（音高は決めておきます。打楽器は1拍打ちます。これは兵庫教育大学名誉教授の保科洋先生の理論を参考に，筆者が児童用にアレンジしました）。最初はバラバラでも，だんだん受けた瞬間に音がそろって出るようになります。これだけでも，なかなか鳥肌が立つくらいの迫力があります。こうなったら，ボールを教師の指揮に換えて，それに合わせて楽器を演奏させます。この時，教師は打点が明確になるような指揮に心がけたいものです。
ii)　指揮の要求に応える練習をしてみましょう
　　指揮者の振るタクトに合わせて（拍子の形を振る）音高を一定にして

(例えばソ)1拍1音のみで合わせる練習をしてみましょう(できるようになれば，合奏の曲を使って)。

テンポを揺らしたり，いきなり止めたり，大きく振ったり小さく振ったりしてみましょう。これに合わせて子どもたちがテンポを変えたり，止まったり，強弱をつけて演奏し始めたら，次のようにいいましょう。

> 「そうです，これが指揮者を見るということです。指揮を見るということは，ただ単純に『目に指揮者を映す』ということではありません」
> 「大切なことは，指揮者のサイン(要求)に応え，それによって全員で一つの音楽をつくり出すことです。そのために指揮を見るのです」

このようにして指揮者の存在意義を理解した子どもは，どんどんタクトに集中するようになります。こうなればしめたものですが，今度は指揮者の力量がそのままサウンドに現れてきます。そこで最低でも，以下の3点を意識して指揮されることをお勧めします。

●指揮は次の指示を出すものであるということ

例えば，出だしをそろえたいのであれば(アインザッツ)その前の準備，つまり予備運動を大切にする，急に弱くしたいのなら，その手前で弱くなるような指示を出すこと等々です。いずれにせよ，子どもの出す音の少し前にいて，リードしていくことを意識して下さい。

●全員に指揮しているのだということ

演奏している子だけでなく，休み(休符続き)のパートの子にも指揮をしているのだという意識で，指揮と切れている状態の子どもをつくらないようにしましょう。

●「指揮を見て演奏する」から「指揮を見つつ自分で音楽にのって演奏する」へ，子どもの意識が変わるように

指揮を見てから反応するばかりでは，音楽が遅れるというか，べたべたし

た感じになってきます。先ほどいった「指揮を見る」ことができるようになった子どもには，ぜひこのレベルまで指導しましょう。

その3 全体練習のミニネタ集
① ある一つの（特定の）パートだけを指導するコツ

　全体練習といっても，いつもいつも全ての楽器を同時に指導するとは限りません。当然，特定のパートだけを指導する場面も多々あります。こんな時教師は，指導しているあるパート以外の子どもにも課題を与えることが極めて大切です。

　例えば，自分のパートへの指導でなくとも常に指揮を見させる，拍の流れに合わせて体を動かさせる，拍を数えさせる，指導されているパートの演奏に合わせて自分のパートのメロディーを心で歌わせる，一緒にブレスさせる，等々です。

　繰り返し何度も述べていますが，「自分以外のことにも意識を向けさせる」ことが大切です。竹内俊一氏はバンド指導の著書（『バンド指導ポイント20』音楽之友社，1993）で「あるパートに対する注意はみんなの問題」と述べています。つまり，様々なパートが分業して演奏する合奏では，「個と全体をつなぐ」指導が大切になってくるということです。

② 練習時間を有効に！パートをまとめて指導する！

　あるパートに対して指導したい時，こんな工夫をしてみましょう。指導したいあるパートと同じリズム，同じメロディーのパートも一緒に練習させるのです。例えば，大太鼓を指導したい時，それと同じリズムのもの（ベース，ピアノ低音，バスオルガン，バスアコーディオン等は同じリズムであることも多い）をまとめて練習させるのです。

　これも，ロスのない指導の原則に従っているといえるでしょう。

③ パートの役割を意識した指導

例えば,リズム＋メロディー,ベース＋オブリガート等,パートの中での役割を考え,何と何を組み合わせると効果的か考えた指導をすることも大切です。

④ リズム隊にのせる指導

リズミカルな曲,あるいは一定のリズムをキープするような曲（8ビート,ラテンの曲,等）の練習で試してみたい方法をご紹介します。まず,リズム隊のみで,基本のリズムをリフレイン（くり返し）させます（何回もです）。次に,他のパートの子どもを,その演奏に充分のせましょう（体でのりを感じさせる）。体でのりを感じてきたと思ったら,頃合いをみはからって教師が合図して（カウントをとって）,全体で演奏を始めます。こうすると,グンとのりのよい演奏になってきます。

⑤ リレーされるパートのつなぎ方

メロディー等がAパートからBパートへリレーされる（わたされる）ような箇所は,特に全体練習での指導が重要になってきます。そのポイントは当然,AとBを切らずに流れるようにつなげることです。そのため指揮者は,特にBの出る合図を的確にする必要があります。また,メロディーだけに限定して,AからBへのつなぎの部分だけを何度も練習するとよいでしょう。

⑥ 練習会場の選び方

音楽会に向けて合奏の練習をする時,音楽室かホール（体育館）かということが問題になります。まだ最後まで曲が通っていないような段階でホール練習へ移るのは,絶対避けるべきです。また,曲が通ったとしても,ある程度音楽が固まってくるまでは,音楽室で練習するのがよいでしょう。一般の小学校では,一度ホールへ楽器を運んだら,音楽室練習に戻れない場合も多々あるので,このへんのプランニングには細心の注意を払って下さい。

音楽づくり の授業アイデア

(1) 即興で楽しめる音遊び

① 言葉のリズムで遊ぼう

　これは教科書にもよく登場する低学年に向いた活動です（音楽教科書『小学音楽 音楽のおくりもの2』教育出版，2004等）。例えば，次のようにやさいの名前をリズムにしてみましょう。

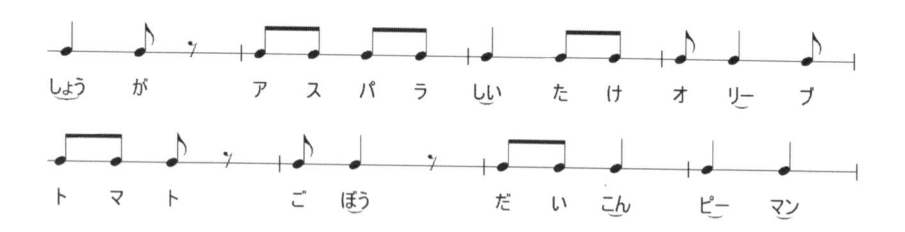

（しょう が／アスパラ／しいたけ／オリーブ）
（トマト／ごぼう／だいこん／ピーマン）

　これだけを唱えてもリズム遊びになりますが，「やおやの おみせ」（作詞 不明／カナダ・フランス民謡）を使って遊んでみます。

やおやの おみせ

（作詞 不明／カナダ・フランス民謡）

やおやの おみせに ならんだ しなもの みてごらん
よくみてごらん かんがえてごらん トマト トマト あー

　楽譜の最初の「♪トマト♪」を教師が歌って後の「♪トマト♪」を子どもが歌う，あるいは，最初を一人の子どもが歌って後をみんなが歌う……等々，

バリエーションを考えて遊びましょう。

　♪トマト♪の部分に，先に述べた「しょうが」「アスパラ」等，どんどん小節を足して遊んでみましょう。言葉と同時にそのリズムを打ってもおもしろいです。言葉を心の中で歌い，リズムは打つのもよい方法でしょう。

　また，同じ音高でなく，例えば「♪しょうが～♪」というように高低をつけたり声を変えたりして歌うと，とてもおもしろくなります。

② **様々な音階でアドリブ奏**
　世界各国には様々な音階がありますが，ここでは日本の音階についてご紹介します。

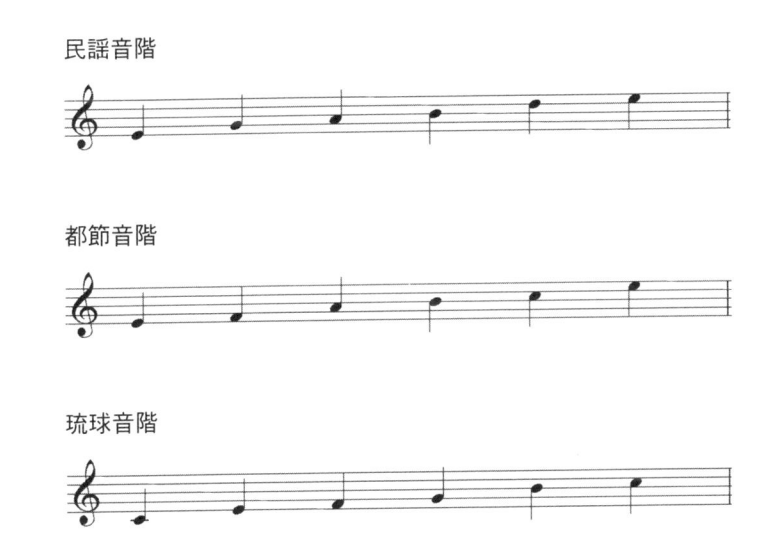

民謡音階

都節音階

琉球音階

　このような音階を使って，伴奏にのって自由に演奏させてみましょう。自由でいいのです。ジャズやブルースのアドリブのように，伴奏にのることが大切です。

伴奏は次のようにしてみましょう。

民謡音階アドリブの伴奏例

〜 これを繰り返します。

都節音階アドリブの伴奏例

〜 これを繰り返します。

琉球音階アドリブの伴奏例

〜 これを繰り返します。

　伴奏はピアノ，木琴，アコーディオン等，様々な楽器で試してみましょう。
　一人でなくとも，例えば都節の伴奏なら上と下の音を分担してもよいでしょう。また打楽器を加えるとサウンドに厚みが増してきます。
　先ほども述べましたが，このアドリブ奏は伴奏にのってどんどん演奏を展開していきましょう。何の躊躇もいりません。
　また伴奏例を参考に，リズムを変えてもおもしろいです。とりわけ琉球音階の伴奏は♩♩＝♩♪のリズムを取り入れると，より沖縄ふうになるでしょう。
　以上の例を基にして，後で述べる伴奏づくりへと発展させてみましょう。

(2) ボイスアンサンブルとボディパーカッション

① ボイスアンサンブルをつくる

　p.94で述べた「言葉のリズムで遊ぼう」の発展した学習として捉えることもできます。これは中学年から高学年に向いています。次のように取り組んでみましょう。

ⅰ) やおやのおみせにあるもの等，テーマを決めて言葉を選ぶ。
ⅱ) 4拍または8拍等，決まった長さ（小節）の中に，リズムをつけた言葉をはめる。
ⅲ) 上のⅱ)のようにしてできたリズムをパートごとに唱える。
ⅳ) 上のⅲ)で示したパートごとのリズム唱を合わせ，アンサンブルを完成させる。

それでは一例をご紹介します。基本的な8ビートのアンサンブルです。

ボイスアンサンブル「やおやさん」

（高見仁志 作曲）

（楽譜：4/4拍子、4パート）
- パート1：アスパラ アスパラ　アスパラ アスパラ
- パート2：キャベツ　キャベツ　キャベツ　キャベツ
- パート3：だーいこん　だーいこん
- パート4：ぐみ　ぐみ

　この「やおやさん」では，アスパラの「ス」を無声音にすると効果的で (a-s-pa-ra という感じ)，また歌唱のサ行の発音練習にもなるでしょう。

楽譜を参考にしながら，子どもたちにどんどんつくらせてみましょう。つくらせるコツは次の通りです。

・つくる前に，この「やおやさん」のような見本を紹介しましょう。
・小節内に言葉をはめるのが難しい場合は，4マスや8マスのシートを用意して，そこに言葉を記入させてからリズム唱に取り組ませましょう（以下を参照）。

アス	パラ	アス	パラ		〜
	キャベツ		キャベツ		〜

・パート別に練習して，初めは二つのパートを組み合わせ，そこに3パート，4パートと少しずつ増やしてみましょう。
・班別につくって発表会をしてみましょう。
・曲の最後の部分は全員で同じリズム唱をするときまった感じになります。「やおやさん」でいえば，次の楽譜にあるリズムを最後に全員で唱えます。
・初めは各パートのリズムが同じになったり似通ったりして，おもしろくないこともあります。そのような時は，パートごとに違うリズムを考えさせたり，他パートの隙間（休符の時）に自分のパートを入れ込むような工夫をさせてみましょう。
・慣れてきたら，様々なテーマに挑戦し，固有名詞だけでなく，様子や心情等をリズム唱してみましょう。

② ボディパーカッションに応用する

　ボディパーカッションは，体の様々な部分を使ってパーカッションのように音を出すことです。これもボイスアンサンブルと同じ要領で，体の部分によってパートに分かれつくってみましょう。

(3) 子どもがよろこぶオリジナル絵かき歌

まずは私のオリジナル絵かき歌を紹介します。

① 恐竜さん，
　恐竜さん，
　恐竜さんの足跡だ

② そばにうんちも
　落ちていた

③ きっと木の実を
　食べたんだ

④ 探検隊が
　やってきて
　入っちゃダメだ
　ぞと縄張った

⑤ あっという間に
　おばけの子
　（逆さにする）

メロディーは次の通りです。

(楽譜)
きょう りゅう さん　きょう りゅう さん
きょう りゅう さん の あ し あ と だ
そ ば に う ん ち も お ち て い た
きっ と き み を た べ た ん だ
たん けん たい が やっ て き て
入っちゃダメだぞ(セリフ) と な わ っ た
あっ と い う ま に お ば け の こ

　絵かき歌づくりを子どもに取り組ませる時，次の手順を意識させるとよいでしょう。

i) 何を描こうか，全体像を決めましょう。この時あまり複雑なものを選ばないようにすることがコツです。
ii) 描きあげる順を考え，始まりから完成までの順に即した絵（形）を決めていきます。この時のコツは，なるべく全体像が最後まで分からないように工夫することです。つまり，最初の段階から特徴的な部分を描くことを避けます。このことは絵かき歌づくりの鉄則といってもよいことです。な

ぜなら，最後の最後にあっと驚くのがおもしろいからです。
ⅲ) 最初から完成までの各段階の絵（形）を説明する歌詞をつける。この時，○なら「お池が一つあったとさ」とか，△なら「はんぺん一つくださいな」等，イメージしやすいものに置き換えた比喩的な歌詞をつくります。間違っても，⬯を「楕円かな？」などと，そのままの形を歌詞にしないようにして下さい。
ⅳ) 歌詞ができたら，それにメロディーをつけて下さい。メロディーのつけ方は次の二つのタイプがお勧めです。
  ① 既存の曲のメロディーを使う。つまり替え歌にしてしまうという方法です。
  ② 「おばけの子」で紹介したような，わらべうたの基になっている音（この歌の場合は，「民謡のテトラコード」が使われている。ラ・ソ・ミの音のうち，ラが終止感のある音になっている。これは核音と呼ばれる）で，メロディーをつける方法です。おばけの子のように，ラ・ソ・ミを使って，曲が終わる時はラ（核音）を使って作曲してみましょう。この学習はとても大切なことで，わらべうたの音楽的な要素を感じさせるところがポイントです。
   ＊メロディーなしで，台詞にする部分をつくるのもおもしろいでしょう。
ⅴ) メロディーがついたら，歌いながら描いてみましょう。覚えるまで何度も描いたり歌ったりすることが大切です。絵を描くことに意識をうばわれ，歌がおろそかにならないようにしましょう。
ⅵ) 最後に絵を180度ひっくり返して，逆さまにして完成させるというような工夫（オチ）もおもしろいですね。

(4) 曲づくりのコツ

その1 歌をつくってみよう（メロディーライティングのコツ）

① 歌詞を分析しながら歌づくり

ここでは，一つの例として，歌づくりの手順をご紹介します。

i) 何をテーマにした歌にするのか。劇の中の登場人物の気持ち，運動会の思い出……等，何をテーマにした歌にするのか考えましょう。

ii) 歌詞を考えましょう。歌詞を子どもに考えさせず，教師が与えたり，詩集の中から選ばせるのもよいでしょう。その場合，i)の手順はとばすこともあります。

iii) 歌詞が決まったら，曲をつけます。曲をつけるには大きく二つの方法があります。一つ目は，「感覚（フィーリング）のみで曲をつける」，二つ目は「歌詞をある程度分析しそれに合ったメロディーを考える」という方法です。一つ目は説明するまでもありませんので，まずは二つ目の方法を説明します。

iv) 「ゴールめざして はしったよ」という歌詞を例にあげます。

まずは，歌詞に合ったリズムを考えます。

♩. ♪ ♪ ♪ ♪ ♪ ｜ ♪ ♪ ♪ ♪ ♩ ｜
ゴー ルめざして　はしったよ

という感じになります。

v) 次は歌詞の音高です。高いか低いかを調べていきます。

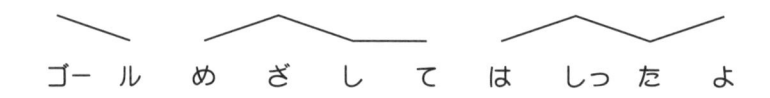

ゴー ル　め　ざ　し　て　は　しっ　た　よ

このような感じになるでしょうか（高さを意識して口ずさんでみて下さ

い)。私は関西人なので標準的イントネーションの発音が難しく，何とかそれに近づけたつもりですが，子どもでも地域差は必ず出るでしょう。最後の「よ」は上げても下げてもよいと思います。

vi) 上のiv)とv)を基にして，メロディーをつくってみます。

　　　　ゴールめざして　はしったよ

こんな感じで指導してみましょう。

② フィーリングのみの歌づくりもおもしろい

　それでは歌詞の分析をせずに，感性（フィーリング）一発で曲をつくるとどうなるでしょうか（これもとてもおもしろいのです）。

　私が実践した音楽劇の劇中歌を例にあげます。この音楽劇は，社会科や総合的な学習との関連によって取り組まれました。戦争と平和がテーマで，戦時中の人々の辛くとも家族を守り，懸命に生き抜く姿を描いたオリジナル作品です。

　劇中歌の一つ「さとう」（6年児童 作曲）は，戦時中食べ物がなく，ようやく手に入った砂糖を主人公が一口なめ，その甘さに感動した時に歌われます。作詞・作曲した子が私にこの曲を見せた時，「フィーリング一発はいいものだなぁ！」と子どもの発想の豊かさを再認識したものでした。この歌のピアノ伴奏は担任だった私がつけました（次頁の楽譜参照）。子どもがメロディーをつくったら，それに合う伴奏をつけることも教師のとても大切な役割です。伴奏のつくり方はその2で述べます。

劇中歌「さとう」

（6年児童 作詞・作曲／高見仁志 編曲）

さとうはあまくておいしい

いくらたべてもあきないあじ

うめえうめえうますぎる

その2 伴奏をつくってみよう

① お囃子をつくろう

　p.95～96にも述べたアドリブ奏にも関連づけて取り組みたいのが，お囃子づくりです。ここでは比較的簡単に取り組める，打楽器によるお囃子づくりをご紹介しましょう。

　先ほどの民謡音階の伴奏を例にあげてみます。

　このパターンを，ピアノ，木琴，アコーディオン等の楽器で奏でます。それに合うリズムをつくらせましょう（以下に例を紹介します）。

〈小太鼓（しめだいこ）〉

〈大太鼓（長どうだいこ）〉以下のパターンを組み合わせて

　また，以下のような鼓面打ちと枠打ちを組み合わせてもおもしろいでしょう。

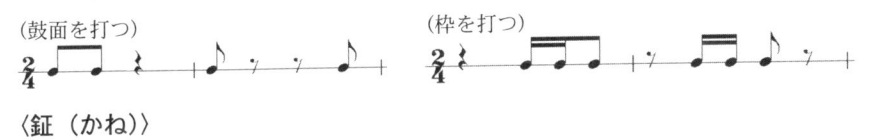

（鼓面を打つ）　　　　　　　（枠を打つ）

〈鉦（かね）〉

〈かけ声〉

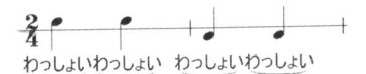

わっしょいわっしょい　わっしょいわっしょい

　高い声と低い声など，様々なかけ声をつくってみましょう。

以上は，一例です。子どもはもっと違うお囃子をつくるかもしれません。つくることが難しい場合は，大太鼓の例のように，何パターンかを提示してお気に入りを選ばせるのも方法です。
　また，次のようなメロディーをリコーダーで演奏して，お囃子をさらにふくらませましょう。

　これはリコーダーで演奏しても，篠笛（日本の木管楽器の一つ。簡素な構造の横笛。庶民の間で広まった楽器）のような効果が生まれます。
　以上のようなお囃子にのせて，民謡音階のアドリブをソロとして演奏してみましょう。ジャズのインプロビゼーションのような，エキサイティングなセッションになることでしょう。

② 和音を基にして伴奏をつくろう
　Ⅰ，Ⅳ，Ⅴ，V_7（以下参照：ハ長調）の和音を使って伴奏をつくる活動に取り組んでみましょう。

Ⅰ　Ⅳ　Ⅴ　V_7

　4分の4拍子なら最初は次頁のような伴奏型（①～③）を教師が示し，子どもに選ばせるようにしてみましょう。慣れてきたら，子どもたち自身で考えさせてみましょう。

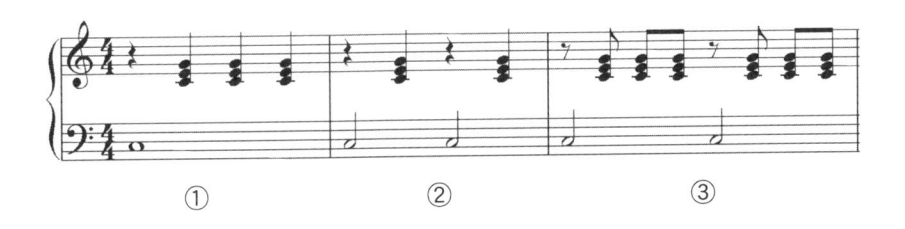

CHAPTER Ⅲ　楽しい音楽の授業をつくるとっておきの実践アイデア

①　　　　　　　　②　　　　　　　　③

　伴奏型を考える時に最も大切にしたいことは，その曲の雰囲気に合っているかどうかということです。ただ和音を弾いていればよいというものではありません。ここを指導しましょう。

　上記の伴奏型は，一人でピアノ等を使って演奏してもよいし，低音部をバスアコーディオン，高音部を木琴等，分けて何人かで演奏するのもよいでしょう。お囃子づくりでも試みたように，そこに打楽器を入れた伴奏を工夫するのも楽しいでしょう。

　また，和音を利用して間奏をつくるという活動も楽しいでしょう。例えば「静かにねむれ」（武井君子　作詞／フォスター　作曲）を教師のピアノ伴奏で１番を歌い，２番に入るまでに４小節の間奏をつくります。間奏部の和音の進行は，Ⅰ→Ⅳ→V_7→Ⅰとしましょうか。いろいろな楽器を組み合わせて素敵な４小節をつくる活動です（授業タイトルも「素敵な４小節をつくろう」というようにしてもよいでしょう）。

　これなら，１曲通した長い小節でなく限定された４小節だけつくることになるので，取り組みやすい方法といえるでしょう。本書に何度も出てくることですが，限定することは，音楽科においても極めて重要な指導法なのです。

　和音はⅠ，Ⅳ……だけでなく，Ｃ・Ｆ・Ｇ・G_7など，コードネームを使っても便利かもしれません。

(5) 様子をイメージした音楽づくり

① へ～んしん！ 何に化けた？ 音で表してみよう

変身する時の音づくりをしてみましょう。次のような話をします。

> ○○山のタヌキ君は，化けるのがとってもじょうず。あ，今日もタヌキ君が森のみんなの前で，その腕前を見せています。
> 「へ～んしん」
> ×××××
> 「タヌキ君は○○に化けました」

まずは何に化けるか考えさせます。

化けるものが決まったら，×××××のところに入れると効果的な音，つまり化ける時の音を考えさせます。鉄琴をグリッサンドした音でもよいでしょう，ウッドブロックをたたくのもよいでしょう。

ここでのポイントは，何でもよいから音を入れるのではなく，化けたもののイメージにこだわって（根拠を持って）音選びを（音づくりを）させることです。

音楽室に置いてある楽器だけでなく，次のようなものを使ってみてもおもしろいでしょう。

ペットボトルに砂（等）を入れて振る　石を打つ　ビーズを床にまく
ビンに水を入れて口を吹く etc.……

どんなものでもかまいません。子どもの自由な発想を引き出しましょう。再度述べますが，必ず，化けたもののイメージを基にして音選びを（音づくりを）させることは忘れずにいてほしいと思います。

これは低～中学年に向いた活動といえるでしょう。また，変身した後タヌキ君はどうしたか，お話の続きを考えさせてもおもしろいでしょう。

② 自然現象を音楽（音）で表現してみよう

「水の旅」を音楽（音）で表現してみましょう。社会科や総合的な学習と関連づけた授業展開も可能です。例えば，社会見学と関連づけて，源流から海までを子どもたちとバスで旅し，水がどのように移動するのか，実際に目で確かめた情景を，音楽にするのもおもしろいでしょう。

> 山に雨が降り，それが小さな流れをつくります（源流）。
> 山の麓では小さな川となります。
> ～途中略～
> そして最後には海に流れ込むのです。

このようなお話を，源流，小川等の写真を見せながら説明します。そして，子どもたちに，源流，小川，もう少し広くなった川，河口，大海原などを充分にイメージさせ，それに合った音楽（音）づくりの活動をしてみましょう（音楽教科書『新しい音楽4』東京書籍，2004を参照）。

音は楽器でつくってもよいし，自分の身の回りにあるもの何でもよいこととします。水が旅する様々な場所によって，音色や強弱等が変化することにこだわるようになれば，より充実した活動になることでしょう。

音だけで表現するのもよし，ナレーションを入れてそれに音をかぶせるといった表現もよしです。また，水だけでなく，小川で元気に泳ぐメダカ，海原の空に舞うカモメ……，といったように話をふくらませていくのも楽しいでしょう。どこでどんな音を出すのかということを覚え書きしたもの（表現するための音のシナリオ）をつくらせるとよいでしょう。

〔参考資料：水の旅〕

山にできた水たまり　　　　　　やがて小さな流れに

小川ができました　　　　　　　川の誕生

どんどん流れて中流へ　　　　　海にたどり着きました

写真引用 URL
http://www.mmdb.net/usr/mogamigawa-f1/mogami-m/pageu/A0028.html

③ お話に合った音楽（音）をつくってみよう

　お話に合った音楽（音）をつくる活動もおもしろいでしょう。p. 121で述べる「ピーターと狼」などを参考に，自分たちでお話をつくり，それに合った音づくりをするような活動に取り組んでみましょう。お話をつくるのは大変なので，絵本等，既にあるお話に合う音づくりをしてみてもよいかもしれません。

　それでは，絵本に音楽をつける活動の手順をご紹介しましょう。

ⅰ) グループをつくる

　　5人程度で班をつくります。

ⅱ) 絵本を選ぶ

　　絵本は，話の内容や絵がどんどん進展していく「ストーリーもの」，あるパターンが繰り返される「反復もの」のどちらを選んでもよいでしょう。選んでいる時，音がイメージできるような絵本がよいでしょう。擬音（態）語が繰り返されるものもおもしろいですね。ただし，ページ数の少ないシンプルな絵本にしましょう。お話が長い時は，分割して複数のグループで一話を仕上げるという方法もよいでしょう。

ⅲ) 音楽をつける

　　絵本を読みながら，音楽をつけたい場面を選びましょう。そしてその場面にあった音楽や効果音をつけてみます（既存の曲でもよいし作曲してもよい）。その際，次のことを参考にしてみて下さい。

・テーマ曲をつくり，場面ごとにそれを繰り返し演奏する。
・音楽をつける場面とつけない場面をつくる。
・どんな楽器を使ってもよい。声，手づくり楽器，実際の音等で効果音をつくってみる（ただし，多く使いすぎると逆効果）。
・音高，音色，テンポはその場面にあっているか試してみる。
・絵本をコピーしたものに音の指示を記入したような「シナリオ」を作成

しておくと練習の時に便利。

iv) **練習する**
- 絵本を読む子ども，音楽を奏でる子ども等，役割を決める。
- 読む子どもと奏でる子どもが一緒に歌うところ，一緒に台詞をいうところをつくると効果的（ただし，多く使いすぎると逆効果）。
- 音楽と声の音量バランスを工夫する。特に音楽を全面に出すところ，音楽を抑えるところを工夫する（声だけにする，音楽だけにする，声と音楽をかぶせる，声と音楽を交互にする，等々。とても重要なことなので，たくさん試行錯誤させましょう）。
- 絵本の文字を読むだけでなく，それにふしをつけて歌（リズム唱でもよい）にしてみるのもよい（ただし，多く使いすぎると逆効果）。
- 場面によっては，読まずに音楽と絵だけで進展させるような工夫もしてみる。
- オープニングでは，聴衆を物語の中に引きずり込む効果をねらい，タイトルをいってからページをめくらず音楽を長めに演奏する。
- 音楽（音）だけでなく，読む声・表情等にも配慮し，トータルな演出に心がける。絵本から飛び出した様に，体で演技する場面があってもよい。
- 音楽的な要素（強弱，テンポ，曲想等）とりわけ「間」に留意して作品を仕上げる（特にページをめくる時の「間」を工夫する）。
- エンディングを工夫する。

v) **発表する**

　練習の成果を発表しましょう。発表後は演じた子どもも見た子どもも意見交換をして，お互いの考えを出し合いましょう。そこからは多くのことが得られるでしょう。このようにしてつくり出した作品を，何かの行事の時に発表してみましょう。

以下の絵本に，音楽をつけてみてはいかがですか。きっと楽しい作品ができあがることでしょう。

- 山下洋輔 文／元永定正 絵／中辻悦子 構成『もけら もけら』福音館書店, 1990
- 谷川俊太郎 作／元永定正 絵『もこ もこ もこ』文研出版, 1977
- 五味太郎 作・絵『きんぎょが にげた』福音館書店, 1982
- 山下洋輔 文／柚木沙弥郎 絵／秦好史郎 構成『つきよのおんがくかい』福音館書店, 1999
- 宮西達也 作・絵『おまえうまそうだな』ポプラ社, 2003
- 千葉幹夫 文・構成／笠松紫浪 絵『浦島太郎』講談社, 2001
- Lauren Thompson 作／Stephen Savage 絵／きたやま ようこ 訳『しろくまくんのながいよる』ソニーマガジンズ, 2005

音楽づくりのポイント！BEST5

① 学習指導要領の〔共通事項〕の「ア」を手がかりに指導する。つまり，反復や問いと答え等，「音楽の仕組み」を手がかりとした音楽づくりの授業を構想するのです。これは，今回の学習指導要領改訂において目玉となる内容で，指導する際，特に意識する必要があります。

② 子どもが，様子をイメージしやすい工夫をする（絵本，写真，体験，等）。

③ 「何を根拠にその音をつくったのか」ということを大切にするよう指導する。

④ 全く自由にさせるのか，音づくりに使う素材を限定するのか，検討する。

⑤ 長い取り組みになる場合，他教科と連携させる。

鑑賞 の授業アイデア

(1) 鑑賞の授業で心がけること

　音楽を聴くことは，表現することと同じだけ重要な活動だといってよいでしょう。それにもかかわらず，私の知っている先生の中には，表現の授業より鑑賞の授業の方が苦手だとおっしゃる方がいます。この教師の「苦手意識」が，音楽の授業から鑑賞を遠ざけてしまっているとしたら……。想像しただけで，ちょっとゾッとしてしまいます。そこで，楽しい鑑賞の授業をつくるためのコツをご紹介することとします。

　当然ながら，鑑賞の授業では漠然と音楽を聴かせればよいのではありません。とりわけ，次の3点を心がけて授業をつくることが重要となってきます。

> ⅰ) 耳に全神経を集中させるよう仕組む（聴く意識を持たせること）
> ⅱ) 「何」を聴かせるのか，ねらいを明確にした活動を仕組む
> ⅲ) 聴いて知覚・感受したことを表現させる活動を仕組む

　上記ⅰ)について説明します。きっかけを与えない限り子どもは，「聴く」という行為を無意識のまま行ってしまっていることが多くあります（大人も）。これは，日常生活だけでなく，音楽の授業中にも当てはまることです。
　そのような子どもたちには，きっかけを与える，つまり「意識して聴く意味を指導する」ことが大切でしょう。つまり，鑑賞における教師の最大の仕事は，子どもの「無意識の領域」を「意識する領域」へ変えることなのです。
　次にⅱ)で示した「ねらいを明確にした活動」として，取り組みたいもの四つをあげてみます。

・聴き分ける・聴き比べる活動
・情景等を思い浮かべて聴く活動

・音楽を形づくっている要素を聴き取る活動
・鑑賞の幅を広げ，さらに興味関心を高める活動

　このような四つのねらいを常に意識することで，充実した鑑賞指導を行うことができるのです。
　上記ⅲ)は，とても重要なことです。教師は，子どもが曲を聴いてどのように知覚し感受しているのか把握することが必要です。しかしながら，その知覚・感受は子どもの内面で起こっているため，何らかのきっかけを与えないとそれは外側に表出しては来ないのです。ですから，そのきっかけをつくる方法を考え出し，指導していくことが大切となります。
　また子どもにとっても，知覚・感受したことを表現する活動は，他教科において「自分の考えを発言すること（例えば，物語を読んで感想を発言すること）」と同じような意味を持つものといえるでしょう。

　それでは，ここまで述べてきたことを具体的にどのように仕組むのか，次から述べることとします。

(2) 耳に全神経を集中させるよう仕組む（鑑賞の導入的な活動）

① 目隠しして耳に全神経を集中させる

　子どもは，視覚からの刺激にはやたら反応しますが，聴覚の刺激には鈍感なことがあります。だからといって，「子どもは聴覚が鈍い」ということにはならないでしょう。子どもは（大人も），通常，聴覚より視覚に飛び込む情報を優先させて捉えることが多いのかもしれません。ですから，目隠しをして視覚を機能させなくすれば，当然ながら聴覚を鋭敏に働かせるようになるのです。
　運動場や校外の広場に出て，安全を確認してから子どもに目隠し（タオル

でもアイマスクでもよい）させ，こんなふうにいってみましょう。
　「今から1分間，口を閉じ，耳に神経を集中しましょう。何の音が聞こえるか覚えられるだけ覚えて，後でいってもらいます」。
　果たして，子どもたちはたくさんの音を聴くことになります。発言させると，出るわ出るわ。自動車の音，風の音，○○ショップの音……。数え上げればきりがないほど，子どもたちは全神経を耳に集中させることでしょう。ここで教師は，さらに次のようにいいます。
　「みんなすごいね。耳に神経を集中させると，こんなにもたくさんの音が聞こえたね。音楽の時間はそれぐらい耳を使って勉強しよう」。
　この活動のねらいは，「音楽の時間は集中して聴くことを大切にするんだ」という意識づけをする点にあります。

② 音の地図づくり
　耳に神経を集中させてたくさんの音を聴いたら，音の地図をつくってみましょう。町の中に出て聴いた音でもよいし，学校内の音でもよいでしょう。聴いた音をメモして，どこでどんな音がしていたか，地図もつけてまとめてみましょう。絵を描いたり，音を示したりしてみましょう（ブーブー，ササーッ等，擬音・擬態語表記でよいでしょう）。このような活動は低学年で行うことが望ましいでしょう。

③ 鑑賞の導入は子どもの興味をひく音楽で
　CD等を聴く鑑賞の入り口の段階では，いきなり交響曲，協奏曲等を聴かせるのでなく，どの子も興味を沸き立たせるような音楽を選んで聴かせましょう。そのような曲として，**シンシュタイン作曲の「ロック　トラップ」**はいかがでしょうか？
　この曲は，体を使って出る音でできている音楽です。体のどの部分を使っているか，子どもは集中して聴くこと間違いなしです。どの部分が使われて

いたか，聴いた後でクイズにしてみるのもおもしろいでしょう（このような場合「体のどこが使われていたか，後でクイズにするよ」と聴く前にいっておくことがポイントです）。

また，クイズも別の形にして，「何を使ってできた音楽でしょう。分かっても先生が尋ねるまでは黙っていてね」といって，いきなり聴かせ，後で発言させるのもおもしろいかもしれません。

この曲をきっかけにして，ボディパーカションにも取り組んでみましょう。

(3) 聴き分ける・聴き比べる活動を仕組む

① いろいろなおもちゃの音の聴き分けから始めてみましょう

曲中に登場する様々な楽器の音色を聴き分ける活動の前段階として，おもちゃの音を聴き分ける活動をさせてみましょう。特に低学年で取り組みたい活動です。これに適した曲は，**レオポルト・モーツァルト作曲の「おもちゃのシンフォニー」**です。この曲には，数多くのおもちゃの音がちりばめられています。

低学年の子どもにとって，オーケストラの楽器より，おもちゃの音の方がなじみやすく，楽器の聴き分け活動の導入期には，最適の曲の一つといってもよいでしょう。

② いろいろな楽器の音を聴き分けるゲーム

楽器の音の聴き分けの前段階の取り組みの二つ目として，「何が鳴ったゲーム」を紹介します。次のようにしてやってみます。

教師と子どもの間に「？」を描いたついたてを立てます。そのついたてにかくして，教師は楽器をいくつか用意しておき（最初はカスタネット，タンブリン等，簡易打楽器がよい），そのうちのどれかを鳴らします。その後，鳴った楽器を持つ子どもだけがリズム打ちで応えるというゲームです。次の

譜例のようにやってみましょう。

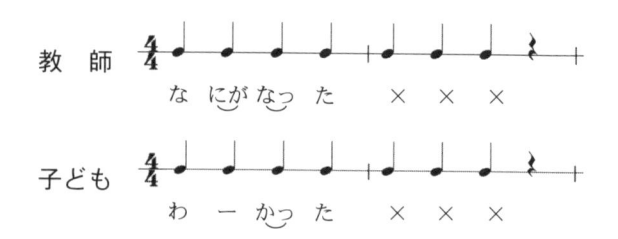

教師　4/4　♩ ♩ ♩ ♩ ｜ ♩ ♩ ♩ 𝄽 ｜
　　　　　な に が なった　　×　×　×

子ども　4/4　♩ ♩ ♩ ♩ ｜ ♩ ♩ ♩ 𝄽 ｜
　　　　　わ ー かった　　×　×　×

　×のところで楽器を鳴らします。このような活動を通して子どもは，楽器の音色を意識して聴くようになります。このゲームのコツは，交互奏のページでも述べた様に，ノンストップで（拍の流れを止めないで）行うことです。強弱を変化させて，音色とともに聴き分けさせる複合型のゲームもおもしろいですね。

③　いろいろな楽器の音を聴き分ける指導ソフト
　オーケストラの中の様々な楽器を紹介するソフトがあります。楽器の聴き分け指導には，とても便利なので紹介します。
　『メッツラー音楽大事典』（大角欣矢 他 監修，教育芸術社）のＤＶＤ版（ＰＣでのみ再生可能）です。この事典には，「オーケストラの楽器たち」という項目があり，ベートーベンの交響曲第３番「英雄」を実際に聴きながら，様々な楽器の音が聴き分けられるように工夫されています。
　ＰＣ画面上に現れるオーケストラの全体図から，自分の聴きたい楽器にカーソルを合わせクリックすると，その楽器の音や，スコア中のパートの楽譜がクローズアップされるようにできています。また，指揮者をクリックするとオーケストラ全体のサウンド，つまり全楽器が溶け合った音を聴くことができます。
　このようなソフトを使って，オーケストラの楽器を聴き分ける授業を組み立ててみるのもおもしろいでしょう。

またバリエーションとして，管楽器，弦楽器等，ある楽器のなかに限定して聴き分けるような活動も試してみてはいかがでしょうか。**ブリテン作曲の「青少年のための管弦楽入門」**もお勧めです。

④ いろいろな声を聴き分ける

楽器の音だけでなく，声の違いも聴き分けてみましょう。ソプラノ，アルト，テノール，バス等，声域による違いを聴き分けさせてみましょう。有名な**ベートーベン作曲の「交響曲 第9番の第4楽章」**には，これら声域別のソロや合唱が入るので，聴き分けやすい教材といえるかもしれません。

また，声域による音高の違いだけでなく，響きや印象の違いなども聴き比べてみましょう。

⑤ アレンジの違いを聴き比べる

例えば，**ムソルグスキー作曲の「展覧会の絵」**を違ったアレンジで聴く活動に取り組んでみましょう（この曲は，彼の友人である画家のハルトマンの絵がモチーフとなっています）。この曲はもともとピアノ曲として作曲されましたが，ラベルがオーケストラ用に編曲したものもよく知られています。

このようなピアノ曲，オーケストラ曲の二つのバージョンを聴き比べるような活動を展開してみましょう。同じ曲でも，きっとたくさんの違いを子どもたちは発見することでしょう。

⑥ 指揮者や演奏者の違いを聴き比べる

同じ曲でも，指揮者や演奏者によって全く違った印象を受けることがあります。指揮者や演奏者の，解釈の違いを感じることもできるでしょう。特にテンポの違いは，子どもにも分かりやすいといえます。

> **聴き比べ オススメの曲** ‥‥‥‥‥‥‥‥‥‥‥‥‥‥‥‥‥‥
>
> ●楽器の大きさによる音色の違いを聴き比べる
>   ・バイオリン：「美しきロスマリン」クライスラー作曲
>   ・チェロ：「白鳥」サン゠サーンス作曲
> ●木管楽器を聴き比べる
>   ・フルート：「メヌエット（組曲『アルルの女』より）」ビゼー作曲
>   ・クラリネット：「クラリネットポルカ」ポーランド民謡
>   ・イングリッシュホルン：「交響曲第9番『新世界より』：第2楽章の『家路』」ドボルザーク作曲
> ●指揮者の聴き比べ，参考サイト・文献
>   http://www.asahi-net.or.jp/~YR9T-AB/kikaku.htm（「運命」の冒頭聴き比べ）
>   『200ＣＤ "指揮者" 聴き比べ！―オーケストラ・ドライブの楽しみ』
>   （野本由紀夫 他編集，立風書房，2002）

(4) 情景等を思い浮かべて聴く活動を仕組む

　作曲者は，ある種の精神性を表現する等の抽象的な音楽をつくる場合と，情景等を表現するような具体的な音楽（テーマに基づくことも少なくない）をつくる場合があります。

　ここでは，後者の「具体的に様子を思い浮かべる活動」に適した曲をご紹介しましょう。教科書にも掲載されることの多い有名な曲ばかりです。

「おどる 子ねこ」（ルロイ・アンダーソン 作曲）
　弦楽器特有のポルタメント奏法で，「ニャ～オ～」という猫の鳴き声を見事に表現した曲です。最後に出てくる犬の鳴き声は，打楽器奏者が声で演

奏（?）するというユニークなものです。犬に吠えられ，逃げ出していく子ねこのあわてぶりが見事に描写されています。

「そりすべり」（ルロイ・アンダーソン 作曲）
　この曲もアンダーソンの作曲です。タイトル通り，そりで雪道を軽快に滑ってゆく情景が浮かんでくるハイクオリティーな作品だといえるでしょう。そりをひく馬のいななきは，トランペットによるもので，高度なテクニックを必要としています。

組曲『グランド・キャニオン』より，「山道を行く」（グローフェ 作曲）
　題名の通り，アメリカの大渓谷をロバと一緒に旅をする旅人の姿をコミカルに描いた作品です。

組曲『ミシシッピ』より，「ハックルベリー・フィン」（グローフェ 作曲）
　この曲は，ハックルベリーの冒険を表現したものです。ミシシッピ川をいかだで下るようすを思い浮かべることでしょう。

『ペールギュント』第1組曲（グリーグ 作曲）
　個々の曲には「朝の気分」「オーゼの死」「アニトラの踊り」「山の魔王の宮殿にて」等のタイトルがついており，ストーリーがあるので手にとるように様子を思い浮かべることができるでしょう。どれも有名なので，子どもも一度は耳にしている可能性があります。

「ピーターと狼」（プロコフィエフ 作曲）
　この曲は「子どものための交響的物語」で，お話と音楽で構成されています。お話に出てくる登場人物はそれぞれがオーケストラの特定の楽器によって受け持たれています。例えば，ピーターは弦楽合奏，おじいさんはフ

ァゴット，小鳥はフルート，猫はクラリネット等々……。楽しい物語と音楽から様子を思い浮かべて聴くのには最適の曲です。またこの曲は，先に述べた，楽器の音を聴き分ける活動にも充分使える教材といえるでしょう。

　ここまで述べてきたような曲を聴いて，子どもたちのイマジネーションの世界を広げましょう。大切なことは，事前に教師自身が何度も聴いて，教えたい部分や授業の展開を考えておくことです。
　また，このような活動を通して感じたことを表現させる方法はp. 127～128で述べることとします。

(5) 「音楽を形づくっている要素」を聴き取る活動を仕組む

　例えば，旋律やリズムの感じの違い，それらがどのように反復・変化するのか，いくつの部分で曲が構成されているのか等，「音楽を形づくっている要素」を感じたり理解したりすることも，鑑賞指導では極めて重要な点です。たくさんの実践例が存在しますが，ポイントを三つに絞り，次にご紹介します。

① 音楽の変化に気づかせる

　音楽の変化に気づかせる教材として，最もメジャーなものの一つは，変奏曲です。
　　シューベルト作曲の「ピアノ五重奏曲『ます』第4楽章」を教材にしてみます。この曲は，主題（もとになるふし）が形を変えながら，いろいろな楽器によって演奏されます。まず主題が提示され，第5変奏まで発展し，コーダ（終結部）になります。主題がどのように変化していくのかを捉えさせるような授業を構想してみましょう。
　どのような授業を構想してもよいですが，これだけはやってほしいという

重要なポイントをご紹介します。それは，主題の旋律を何度も何度も聴かせ，子どもの中に充分に定着させることです。聴かせるだけでなく，歌ったり演奏したりして定着させてもよいでしょう。

この定着があってこそ，変奏部の旋律の変化に気づくのです。私が見た失敗授業は，主題を子どもたちに定着させていなかったことに起因するものが多かったです。いきなり主題と全ての変奏を比べさせることなく，「主題と第○変奏」というふうに限定して，聴き比べ違いを発見させましょう。

② 楽曲の形式に気づかせる

ここで紹介するのは，八木正一氏のアイデアです（八木正一『アイデア満載！楽しい音楽授業づくり４つの方法』日本書籍，1989）。20年も前に開発された方法ですが，その後たくさんの授業で実践されて様々なバリエーションを生んできた指導法です。

楽曲の形式を指導する方法です。ここではロンド形式の指導を例にとりましょう。ロンド形式とは，決まったメロディー（主題）が周期的に現れる器楽曲の形式です。A－B－A－C－A，のように現れます（Aが主題です）。**バッハ作曲の『管弦楽組曲 第２番ロ短調』より「ロンド」を教材として用います。**

赤と白のカードを用意し，鑑賞します。主題が聴こえたら赤を，別のメロディーが聴こえたら白を机の上に並べていきます。果たして，机の上には，赤－白－赤－白－赤というようにカードが並びます。気がついたことを発言させ，ロンドの形式を説明します。変奏曲の指導と同じくこの方法でも大切なことは，主題を何度も聴かせて充分に定着させておくことです。

この方法以外にも，主題が始まったら体を動かし別のメロディーになったら休む等の方法も考えられますが，八木氏の方法は聴き取ったことを視覚化するという意味において，楽曲の様々な形式の指導に応用可能です。

③ 楽曲がいくつの部分に分かれるのか気づかせる

　前の「楽曲の形式に気づかせる」取り組みとも関連するのですが，楽曲をいくつの部分に分けられるか考える取り組みをご紹介します。**モーツァルト作曲の「アイネ　クライネ　ナハトムジーク　第3楽章」**を例にあげます。

　この曲は大きく三つの部分に分かれます。A（軽やかな部分）－B（なめらかな部分）－A（軽やかな部分）です。子どもに何回か曲を聴かせ，いくつの部分に分かれるかを考えさせて下さい。実はAの部分は細かくみると，a，a，b-a'，b-a'の形になっており，bの段階でBに入ったと勘違いする子どももいることでしょう。このような意見こそ大切にして，「そこはまだAだ」「いや，感じが違うのでBだ」等，話し合いを盛り上げましょう。

　そして再度，「大きく分けるとどうなるか」，もっと詳しくいうと「調が変わるところで分けてみたらどうなるか」，「楽器の働き（Aでは全ての楽器が同じような動き，Bの大半では旋律はバイオリンで他の楽器は伴奏している）で分けてみたらどうなるか」等のアドバイスがあげられます。このようにして曲全体を聴かせてみましょう。聴くポイントをアドバイスすることも教師の大切な援助なのです。

(6)　鑑賞の幅を広げさらに興味関心を高める活動を仕組む

①　世界の音楽を聴く活動

　西洋中心の音楽だけでなく，世界各地の音楽（楽器）を取り上げて鑑賞させましょう。子どもたちは，世界各地の音楽のスタイルに興味を持つことでしょう。世界全地域に目を向けてもよいし，アジア，アフリカ等，地域に限定して各国の音楽を聴き比べてみるような活動も楽しいでしょう。

　このような活動は，他教科との関連も考えながら指導してみましょう。当然ながら，社会科での世界の国々の学習に結びつけると効果的であることは，いうまでもありません。他にも，国語科などとも結びつけることもできるで

CHAPTER Ⅲ　楽しい音楽の授業をつくるとっておきの実践アイデア

しょう。例えば，モンゴルの楽器「モリンホール（馬頭琴）」の由来を伝える，悲しくも美しい物語「スーホの白い馬」を教材にしてみましょう。物語を味わい，それにまつわるモリンホールの，郷愁に満ちたサウンドを聴いてみましょう。物語と音楽が子どもの心に響き，深い感動を呼び起こす学習展開が期待できます。学習の発展として，擦弦楽器であることや，弦や弓について，また独特の歌唱法である「ホーミー」（舌を巻き上げのどに詰めたようにして発生。野太い声と高い笛のような倍音が鳴る。野太い声は，市場のセリの時の声にも似ています）について調べてみるのもよいでしょう。また，以下を参考にしてみましょう。

●絵本ＣＤ「スーホの白い馬」：中嶋朋子（語り），チ・ボラク，チ・ブルグット（馬頭琴）ビクター，VICG60728
●国立馬頭琴交響楽団のホームページ
　http://www.mongol.or.jp/morinhuur/index.html

　ここではモリンホールを例にあげましたが，他の国に関しても同じような学習展開が考えられます。

② 日本の音楽を聴く活動
　和楽器の演奏に関しては，苦手だという先生もいらっしゃることでしょう。しかし，鑑賞は演奏に比べたら工夫次第で誰にでも取り組めるものとなります。次のような活動に取り組んでみましょう。

・各地のお祭りのお囃子に関する活動
・各地の民謡や子守歌に関する活動
・日本の音階（民謡音階，都節音階，呂音階，律音階，琉球音階　等）に関する活動

　以上の活動は，先に述べた「音楽づくりの活動」と組み合わせて取り組む

とよいでしょう（p. 95～96参照）。

他にも，

・日本の楽器に親しむ活動（尺八，箏，三味線，締太鼓，笙，etc……）
・わらべうたを聴いて遊ぶ活動
・雅楽を聴く活動

このような活動を取り入れた授業を仕組んでみましょう。

③ 曲にまつわるエピソードをネタに興味関心を高める

エピソードの一つに豆知識ネタがあります。「ムソルグスキーは友人のハルトマンの絵を見て『展覧会の絵』を作曲した」というようなものです。

また，納得ネタもおもしろいでしょう。例えば，「ろれつが回わらない」は「呂律が回らない」と書きます。この語源として，「呂音階，律音階の節まわしがうまく合わないことを『呂律が回らない』といったことが一般に広まった」とされる説があります。

他にも，作曲家にまつわる奇想天外なエピソードなどもたくさんあるので，教師自ら楽しんで発掘してみましょう。

いずれにしろ，鑑賞指導は教師の博識・雑学にかかっています。

(7) 聴いて知覚・感受したことを表現させる活動を仕組む

その1 子どもたちが能動的に聴くための工夫あれこれ

鑑賞指導のポイントは，子どもが音楽をどのように知覚・感受したか，それを表現させることにあります。まずはその方法を具体的に紹介していきます。

① 聴こえた音をひらがな，線，図形（模様）にしてみよう

導入段階に適した方法として，聴こえた音を文字，線，図形にさせてみましょう。

例えば，10円玉を机の上に落として，聴こえた通りひらがなで表記させましょう。「きゃりりりりっっっっっとぅわとぅわこうこうっこうっっっっっ……」等，楽しい表現のオンパレードになります。

何回か繰り返すと，音の強弱を文字の大きさを変えて表現する子どもも出てくるでしょう。このような子は，音の強弱にもこだわっていますので，評価をしたいものですね。

同様に10円玉の音を，線や図形（模様）で描かせてみましょう。聴いて感じたことを，絵で描いてみることへの導入にもなります。

② 聴いて感じたことを描いてみよう

音楽を聴いて感じたことを絵にしてみましょう。これは子どもたちの食いつきがよい鑑賞の方法だと思います。コツは，表題の提示の仕方にあります。例えば，先に述べた「おどる子ねこ」なら，次のような働きかけが考えられます。

A：今から聴く曲は「子ねこ」がテーマです。子ねこが何をしているか，様子を思い浮かべて聴き，絵に描いてみましょう。
B：今から曲を聴きます。聴きながら思い浮かんだことを絵に描いてみましょう。

Aなら子どもは，様々な活動をする子ねこを描きます。子ねこを描かない子はいないでしょう。しかし，Bは子ねこが描かれる方が少ないと考えられます。子ねこについては何もふれていない指示が出されているため，子どもたちは自由に自分のイメージで描くからです。

A，Bどちらでもよいと思いますが，Bでは作曲者の意図とまるで違うイ

メージを持つ子どももいることでしょう。教師はそれを想定しておき，認め評価しましょう。

　また，絵が苦手な子は，むしろ線や図形で表現させた方がよいかもしれません。

③　聴いて感じたことを身体で表現してみよう

　先に示した「おどる子ねこ」なら，子ねこになったつもりで，踊ったり鳴いたりさせてみましょう。このような活動は特に低学年に向いており，幼児教育からの延長線上にあると捉えることもできるでしょう。

　まず，音楽に合わせて体を動かすことが楽しくなる様な雰囲気づくりに努めましょう。そのような雰囲気の中，子どもたちが身体を動かし始めたら，全ての子どもの動きを肯定しましょう。その中でも，特に音楽の特徴に自分なりの意味づけをした動きをしている子ども（例えばバイオリンのポルタメントの部分だけ鳴くマネをする，等）がいたら，評価をしましょう。

　楽器を演奏するマネをさせてみるのも，おもしろい方法です。各自がマネる担当の楽器を割り当てておくと，教室には楽器を持たないオーケストラのイミテーションができあがります。例えば，協奏曲を鑑賞する前に，ソリストは○○君。ソロが聴こえたら○○君は立ち上がって演奏する。伴奏のみんなは自分の音が聴こえたら座って演奏する。など，ルールを決めておけば，音楽室はコンサートさながらの様相を呈することでしょう。ただし，この活動の前に，ソロ（独奏）やトゥッティ（全奏）を何回も聴かせて，指導しておく必要があるでしょう。

④　曲に題名をつけてみよう

　これも多くの実践例のある方法ですが，曲を聴いて題名をつけさせます。これも子どものつけた題名全てを認めます。本当の題名は最後までいわない方がよいと思いますが，いってほしいと子どもが要望したら，告げてよいで

しょう。ただし,「はずれた〜」「大当たり〜」ということではなく,たまたま作曲家と同じ題名になったり,あるいは違ったりしただけで,大切なことは,イメージして題名を考えることにあるのだ,ということを子どもに納得させましょう。

　この題名を考えさせることは,感想文づくりにもつながっていくと考えられます。しかし,題名をつける活動ができたら,その次にいきなり感想文を書くのではなく,「聴いていて見えたもの・頭に浮かんだものを書きましょう」など簡単な活動を先にしておきましょう。その後,感想文づくりの活動へと発展させましょう。

⑤　クイズで仕組む

　クイズで仕組む方法もあります。

　例えば,「今から二つの曲を聴いてもらいます。どちらの曲がアジアをテーマにつくられたものでしょう」と問いかけ,**ボロディン作曲の「中央アジアの草原にて」**と,**ビゼー作曲の「メヌエット」(組曲『アルルの女』より)**を聴かせます。「アジアである根拠」を音楽の中に見つけ,それを発言させるとこだわった聴き方ができるはずです。

　ここまで紹介してきたような「聴いて知覚・感受したことを表現」するためには,必ず能動的に聴く必要があります。**能動的に聴くとは,「目的を持って聴くこと」「集中して聴くこと」「こだわりを持って聴くこと」「積極的に聴くこと」**といえるでしょう。能動的に聴かせるために,ここまで述べた様な方法,つまり,絵,身体,題名,クイズの答え等で表現させているのです。このコツをつかみましょう。

その2　鑑賞指導で子どもに表現させるポイント

子どもが知覚・感受したことを表現させるには，次の4点を意識することが極めて重要でしょう。

ⅰ) 限定して表現させるのか，全く限定しないのか工夫をすること。
　例としては，先に述べた「おどる子ねこ」の絵を描かせる時のAとBの働きかけを思い出してみて下さい。

ⅱ) 漠然と表現するのでなく，音楽の特徴（学習指導要領〔共通事項〕参照）に結びつけて表現させること。

ⅲ) 感じ方を強制しないこと。

ⅳ) そして何より，教師自身がたくさんの音楽を能動的に聴く習慣をつけること。

最後に，**鑑賞指導の最重要ポイントは，「聴く前にどのように聴けばよいのか示す」**ということにつきるでしょう。これには，教師の周到な教材研究と授業準備が必要であることはいうまでもありません。

3 スタートで差をつけよう！指導案作成の具体的プラン

(1) 指導案に関するびっくりするような事実

　私は他の研究者の方々と音楽科学習指導案について調査したことがあります（「小・中学校における音楽科学習指導案に関する研究―『児童・生徒の実態』『学習教材』『題材設定理由』の記述を中心として―」，『芸術教育実践学』第7号，2006）。その調査で，次のような事実が判明しました。

> 　収集した音楽科学習指導案の中に「児童・生徒の実態」という項目が設定されているもの100のうち，児童・生徒の実態に関する記述のなかったものが11存在した。つまり，項目が設定されているにもかかわらず，その項目中はおろか他項目中にさえそれに関する記述が全く見られなかった例が11存在したのである。
>
> 　　　　　　　　　　　　　　　　　　　　　　　　＊原文のママ

　この事実は私たちを驚かせました。1割以上の指導案に「子どもの実態」が全く記されていなかったのです。どのような理由でこのような事態が発生したのでしょうか。二つの点が考えられました。

　一つ目は，上の11の指導案を作成した教師は，「児童・生徒の実態」という項目の重要性を認識していなかったのではないか，ということでした。二つ目は，教師が「児童・生徒の実態について，指導案ではどのような内容を記述しなければならないのか」ということを熟知していなかったのではないか，ということでした。この二つの考えは，あくまでも推察ですが，子どもの実態を軽視した音楽科学習指導案が，思った以上に多く存在することは事実であり，問題は軽んぜられるべきものではないでしょう。

　子どもの実態を確実に捉えて指導案を作成することは，基本中の基本です。

(2) 「音楽科の教育内容」と「子どもの実態」を関連づけた書き方の例

　先ほどの調査の続きを，さらに述べます。

　児童・生徒の実態に関して記述してはいるものの，音楽科の教育内容と関連のない記述に終始する例も，予想以上に多く存在しました。例えば「本クラスは男女の仲がよく〜」，「本クラスの生徒は何事にも積極的に取り組み〜」といった記述です。このような記述は，指導案を作成した教師が，学級経営や生徒指導の側面からも音楽科教育を捉えている証と考えられ，とても重要なことだといえます。しかしながら，そのような側面ばかりを記し，全く音楽科の教育内容にふれないようでは，もはや音楽科の指導案と呼ぶことは難しいでしょう。

　やはり，「音楽科の教育内容」と，「児童・生徒の実態」を関連づけるという視点から指導案を作成したいものです。そのような視点からの書き方の例を，以下に紹介します。

〈児童の実態〉の例

　本学級に目を向けると，「歌好き，合奏好き」の児童が多く見られる。このことは，日頃の児童の学習態度にも表れている。授業中には積極的に表現し，友達の歌や演奏を真剣に聴く態度が見受けられる。技能面からいうと，正しいピッチで気持ちを込めて歌ったり演奏したりできる児童が多い。また，雨の日の休み時間などには，楽器を弾けるようになった子がまだ弾けない子の練習につきあうなど，みんなで演奏しようとする雰囲気に満ちた学級である。

　その反面，課題が山積していることも事実である。特に大きな課題と捉えている点を以下に示す。

　① 自分の声のピッチを気にせず歌うことがある
　② 音に強弱がなく，表面的な薄っぺらい表現に終始することがある

③ 「自分一人くらい演奏しなくてもいいや」という意識で練習をすることがある
④ 「友達・クラス全員の演奏」に対して，自分の意見をいえない時がある

以上の4点について具体的に述べる。

①については，声の質だけに意識が奪われ，そのピッチにはほとんど注意を向けない傾向があるということである。とりわけ，二部，三部に分かれて歌う時，自分の声も別パートの声も意識しない傾向が顕著に見られる。

②については，音楽の持つエネルギー（音の強弱，音楽の勢い等）を感じずに表現してしまう傾向があるということである。この原因として，児童の目標が「より音楽的な表現をすること」ではなく，「音符を正確に弾いたり，歌ったりすること」に限定されているということが考えられる。単に音符を弾いたり，歌ったりするだけでは，音楽的な表現力が高まったとはいい難い。現段階では，この傾向が本学級の最大の課題である。

③については，合奏や合唱において，「自分も大切な役割を担っている」という意識が薄れたり，繰り返される練習に根気が続かなかったりする時があるということである。

④については，二つのことが原因として考えられる。一つ目は，「友達の歌・演奏を聴き取る力が弱い」ということ，二つ目は，「音」という抽象的なものを，「言葉」にする術を多く知らないということである。

　以上は「児童の実態」だけに焦点をあてた記述例で，「指導観」「教材観」に関するものは割愛しています。本来なら，上記のような「児童の実態」にあわせ，「指導観」「教材観」を述べた文章を，指導案に盛り込んでいくとよいのです。

　再度述べますが，「音楽科の教育内容」と「児童の実態」を関連づけるという視点から指導案を作成することは，力量アップの最大の秘訣です。

(3) 「指導上の留意点」書き方のコツ

「指導上の留意点」(「教師の支援」「教師のかかわり」「手だて」等)は,以下に示した「ある先生の指導案の例」のようなフォーマットで書かれることが多いものです。これに関して述べます。

ある先生の指導案の例

学習活動	指導上の留意点 (教師の支援,教師のかかわり,手だて 等)
1．今月の曲を歌う。 「エーデルワイス」	・遠くまで届くような声で歌うようにする。 ・拍の流れにのって明るい声でのびのびと歌わせ,楽しく学習する雰囲気づくりをする。

「指導上の留意点」は「教師の支援」「教師のかかわり」「手だて」のように様々な呼び方がありますが,要するに学習活動に対する「教師の働きかけの留意すべき点」というふうに捉えてよいでしょう。指導上の留意点を一読すれば,その教師の力量が分かるともいわれています。

上の指導案の例を,再度じっくり分析してみましょう。すると,指導上の留意点に関して次のような疑問がわいてきます。

・「遠くまで届くような声で歌うようにする」→声を遠くまで届かせるため教師はどういうのだろう？
・「拍の流れにのって明るい声でのびのびと歌わせ」→拍の流れにのせる方法とは？　明るい声でのびのびと歌わせる方法とは？
・「楽しく学習する雰囲気づくりをする」→教師が冗談でもいうのだろうか？
・二つ目の留意点は,「拍にのる」「明るい声でのびのびと」「雰囲気づくり」などと,三つものことが盛り込まれ焦点がぼやけてしまっている。

以上のように,この例の指導上の留意点は極めて具体的でないことが分かります。しかし,これを書いた先生を責めることはできないでしょう。なぜなら,学校現場にはいまだにこのような,具体的でない指導案を書く風潮も残っているからです。またこの例は,授業の導入の段階を記したものですから,指導上の留意点も簡略化されているのかもしれません。ただいえることは,このような分かりにくい指導案から脱却していくゾ!という意識や努力が,教師には最も大切であるということでしょう。

 では,どのような指導案をつくればよいのでしょうか。答えは簡単です。教師の行為が具体的に分かるように書けばよいのです。このような提案は,これまで多くの研究者や教師らによって何度もなされており,その成果として少しずつ具体的な指導案づくりの重要性が,認識されるようになってきました。

 しかし同時に,やっかいな問題も起こっています。それは,「指導案の字数を(分量を)やたらと増やせば具体的になった」と錯覚する風潮が,現場には存在することです。そのような錯覚指導案は,肝心の教師の働きかけに焦点が当たっていなかったり,何度も何度も同じ言葉が短絡的に繰り返されていたりして,膨大なわりに本質を突いていないものになっていることも多々あります。これでは本末転倒といわざるを得ません。分量ではないのです。

 例えば,次のように指導上の留意点の書き方を,AからBに意識するだけで,指導案作成の力量はグンとアップするはずです。

- A:「頭声から胸声に変わるポイントを意識するように促す」→(具体的でない)
- B:「2点Dからポルタメントで下降するように『ア』で発声させ,頭声から胸声に変わるポイントだと思った瞬間に手をあげさせることによって,頭声から胸声に変わるポイントを意識させる(教師が最初に見本を示しておく)」→(具体的である)

Bの例から分かるように，指導上の留意点では，
「○○させるため△△する」
「△△をさせることによって○○に気づかせる」
というような，手だて（△△）と意図（○○）を必ず盛り込むようにしたいものです。
　「指導上の留意点が具体的でない」ということをいい換えれば，教授行為の持ち駒，つまり有効な指導法の持ちネタが少ない，あるいは考えていないということなのです。
　ですから，CHAPTER Ⅱで述べた「教授行為」について意識し，その持ちネタを増やせば，指導上の留意点はより具体的に書けるようになってくるでしょう。
　ただし，指導案は学校や研究会によってスタイルが決められることも多く，なかなか具体的に書きにくいこともあるでしょう。そのような時は，本当の指導案とは別に，自分流の指導案（授業シナリオ）をつくっておくことも一つの方法です（これを細案と呼ぶ人もいます）。
　以下に，前掲の「ある先生の指導案」の「指導上の留意点」を具体化し，焦点を絞った書き方になおした例を示します。

指導上の留意点を具体化・焦点化した例

学習活動	指導上の留意点
1．今月の曲を歌う。 　　「エーデルワイス」	・遠くまで届くような声で歌わせるため，「○○（遠くにあるもの）のあたりにエーデルワイスが咲いているよ。それに向かって，呼びかけるように声をとばそう」と指示する（声を集める対象物を示す）。 ・楽しい学習の始まりを演出するため，教師は伴奏せず（CD），視線を常に子どもの方に向け，一体感溢れる表情で一緒に歌う。

　最後に，第1学年から第6学年までの年間指導計画の例をご紹介しましょう。

第1学年 年間指導計画

〈第1、2学年の目標〉
(1) 楽しく音楽にかかわり、音楽に対する興味・関心をもち、音楽経験を生かして生活を明るく潤いのあるものにする態度と習慣を育てる。
(2) 基礎的な表現の能力を育て、音楽表現等への基礎的な気付きをよくする。
(3) 様々な音楽に親しむようにし、基礎的な鑑賞の能力を育て、音楽を味わって聴くようにする。

題材名	題材のねらい	共通教材以外の教材（共通教材に見あうもの、題材に見あうものを教科書等から選び、記入することが望ましい）	時数のめやす	歌唱 ア	歌唱 イ	歌唱 ウ	歌唱 エ	器楽 ア	器楽 イ	器楽 エ	音楽づくり イ	鑑賞 ア	鑑賞 イ	[共通事項] ア	[共通事項] イ
ともだちとうたおう	音楽活動の楽しさに気付いて、進んで表現し、友達と一緒に歌ったり身体表現をしたりする楽しさを感じ取ることができるようにする。		10	○	○	○	○					○			○
おんがくの流れにのろう（いろんなリズム）	歌、身体表現を通して拍の流れを感じ、簡単なリズム表現をすることができるようにする。	ひらいたひらいた	12	○	○	○				○			○		○
ドレミであそぼう	階名で模唱や暗唱をしたり、簡単な旋律を楽器で演奏したりすることができるようにする。	かたつむり	8	○	○	○		○	○	○			○	○	
わらべうた、あそびうたであそぼう	わらべうた、あそびうたに親しみ旋律やリズムの特徴を感じ取ることができるようにする。	日のまる	10	○	○	○		○	○						○
すてきなおとみつけ	音や響きの違い（声・楽器音）に気付き、音を出す工夫をすることができるようにする。		8			○			○	○					○
ようすをおもいうかべて	歌詞の表す様子を工夫するなど、想像豊かに聴いたり表現したりすることができるようにする。	うみ	8		○	○	○					○	○		○
ともだちとあわせるたのしさ	互いの声や楽器の音色や響きを感じ取って、聴いたり演奏したりすることができるようにする。		12			○	○		○	○			○		○

第2学年 年間指導計画

〈第1, 2学年の目標〉
(1) 楽しく音楽にかかわり、音楽に対する興味・関心をもち、音楽経験を生かして生活を明るく潤いのあるものにする態度と習慣を育てる。
(2) 基礎的な表現の能力を育て、音楽表現の楽しさに気付くようにする。
(3) 様々な音楽に親しむようにし、基礎的な鑑賞の能力を育て、音楽を味わって聴くようにする。

題材名	題材のねらい	共通教材（共通教材以外の教材は、題材に見合うものを教科書等から選び、記入することが望ましい）	時数のめやす	歌唱				器楽				音楽づくり		鑑賞			〔共通事項〕	
				ア	イ	ウ	エ	ア	イ	ウ	エ	ア	イ	ア	イ	ウ	ア	イ
ともだちとうたおう	音楽活動の楽しさに気付いて、進んで表現し、友達と一緒に歌ったり身体表現をしたりする楽しさを感じることができるようにする。	かくれんぼ	8	○	○	○	○										○	
おんがくの流れにのろう（いろんなリズム）	歌、身体表現を通じて拍の流れを感じ、簡単なリズム表現をすることができるようにする。		13	○	○	○	○	○	○		○						○	
ドレミであそぼう	階名で模唱や暗唱をしたり、簡単な旋律を楽器で演奏したりすることができるようにする。		11	○	○	○		○	○								○	
わらべうた、あそびうたであそぼう	わらべうた、あそびうたの特徴を感じ取ることができるようにする。	虫のこえ	10	○	○	○								○	○		○	
すてきなおとみつけ	音や響きの違い（声・楽器音）に気付き、音の出し方を工夫できるようにする。		8	○					○			○			○		○	
ようすをおもいうかべて	歌詞の表す様子を思い浮かべて、いろいろな工夫をするなど、想像豊かに聴いたり表現したりすることができるようにする。	タやけこやけ	8	○	○									○	○	○	○	
ともだちとあわせて楽しさ	互いの声や楽器の音色や響きを感じ取って、聴いたり演奏したりすることを楽しむようにする。	春がきた	12	○	○			○	○	○	○			○	○		○	

第3学年　年間指導計画

〈第3、4学年の目標〉
(1) 進んで音楽にかかわり、音楽活動への意欲を高め、音楽経験を生かして生活を明るく潤いのあるものにする態度と習慣を育てる。
(2) 基礎的な表現の能力を伸ばし、様々な音楽表現の楽しさを感じ取るようにする。
(3) 様々な音楽に親しむようにし、基礎的な鑑賞の能力を伸ばし、音楽を味わって聴くようにする。

題材名	題材のねらい	共通教材以外の教材（共通教材に見あうものを教科書等から選び、記入することが望ましい）	時数のめやす	歌唱 ア	歌唱 イ	歌唱 ウ	歌唱 エ	器楽 ア	器楽 イ	器楽 ウ	器楽 エ	音楽づくり ア	音楽づくり イ	鑑賞 ア	鑑賞 イ	[共通事項] (ア)	[共通事項] (イ)
階名で歌おう	階名で模唱したり視唱したりして歌うことに慣れるようにする。	春の小川	6	○												○	
いろいろな音のちがい	イメージに合った音色を探したり、音色の違いを感じ取ったりして、想像豊かに聴いたり表現したりすることができるようにする。		8		○									○		○	
日本の音・音楽に親しもう	日本の音やことば、歌い方や演奏の楽しさを感じ取り、表現することができるようにする。	うさぎ	7	○				○								○	
ふしにこだわろう	旋律の特徴を感じ取って、それを生かして、歌い方や楽器の演奏の仕方を工夫することができるようにする。	ふじ山	8	○				○								○	
リコーダーに挑戦	リコーダーの音に親しみ、基本的な奏法を身に付けることができるようにする。		11					○								○	
曲の気分をかんじとろう	歌詞の表す様子や曲想を感じ取って、想像豊かに聴いたり発声や呼吸の演奏の仕方を工夫したりすることができるようにする。	茶つみ	7		○									○		○	
きき合って合わせよう	互いの声や音を感じ、声や音が重なり合う響きを感じ取りながら、演奏の仕方を工夫することができるようにする。		6				○				○					○	
音をくみ立てよう	思いや意図を持って音楽を創造できるようにする。		7									○	○			○	

第4学年 年間指導計画

〈第3、4学年の目標〉
(1) 進んで音楽にかかわり、音楽活動への意欲を高め、音楽経験を生かして生活を明るく潤いのあるものにする態度と習慣を育てる。
(2) 基礎的な表現の能力を伸ばし、音楽表現の楽しさを感じ取るようにする。
(3) 様々な音楽に親しむようにし、基礎的な鑑賞の能力を伸ばし、音楽を味わって聴くようにする。

題材名	題材のねらい	共通教材（共通教材以外の教材は、題名に見あうものを教科書等から選び、記入することが望ましい）	時数のめやす	歌唱 ア	歌唱 イ	歌唱 ウ	歌唱 エ	器楽 ア	器楽 イ	器楽 ウ	器楽 エ	音楽づくり ア	音楽づくり イ	鑑賞 ア	鑑賞 イ	鑑賞 ウ	〔共通事項〕 ア	〔共通事項〕 イ
階名で歌おう	階名で模唱したり視唱したりして歌うことに慣れるようにする。		7	○				○									○	
いろいろな音のちがい	イメージに合った音を探したり音色の違いを感じ取ったりして、想像豊かに聴いたり表現したりすることができるようにする。		6		○				○			○					○	
日本の音・音楽に親しもう	日本の音やことば、歌い方や演奏に関心をもち、歌い方や演奏の仕方を工夫することができるようにする。	さくらさくら	7	○				○						○			○	○
ふしにこだわろう	旋律の特徴を感じ取って、それを生かして、歌い方や楽器の演奏の仕方を工夫することができるようにする。		8		○				○				○				○	
歌と楽器をひびかせて	声や楽器音が重なり合う響きを感じて演奏することができるようにする。	とんび	9			○	○			○	○				○		○	○
曲の気分をかんじとろう	歌詞の表す様子や曲想を感じ取って、想像豊かに聴いたり発声や呼吸の仕方にもこだわった歌い方や楽器の演奏の仕方を工夫したりすることができるようにする。	まきばの朝	7		○				○					○	○		○	○
きき合って合わせよう	互いの声や音を聴き、声や音が重なり合う響きを感じ取りながら、演奏の仕方を工夫することができるようにする。	もみじ	8				○				○						○	
音をくみ立てよう	思いや意図を持って音楽を創造できるようにする。		8									○	○				○	○

第5学年 年間指導計画

〈第5、6学年の目標〉
(1) 創造的に音楽にかかわり、音楽活動への意欲を高め、音楽経験を生かして生活を明るく潤いのあるものにする態度と習慣を育てる。
(2) 基礎的な表現の能力を高め、音楽表現の喜びを味わうようにする。
(3) 様々な音楽に親しむようにし、基礎的な鑑賞の能力を高め、音楽を味わって聴くようにする。

題材名	題材のねらい	共通教材 (共通教材以外の教材については、題材に見合うものを教科書等から選び、記入することが望ましい)	時間数のめやす	歌唱 ア	歌唱 イ	歌唱 ウ	歌唱 エ	器楽 ア	器楽 エ	音楽づくり ア	音楽づくり イ	鑑賞 ア	鑑賞 イ	鑑賞 ウ	〔共通事項〕 ア	〔共通事項〕 イ
ひびきの美しさを感じ取って表現しよう	音色や旋律と低音等の響きの美しさを感じ取って、聴いたり演奏したりすることを工夫する。		7	○								○				○
心をあわせて演奏しよう	友達と気持ちを合わせて、心をこめて表現する喜びを味わうようにする。	こいのぼり	5						○							○
音の重なり合いを聴いて表現しよう	重なり合う声や音の響き、旋律の特徴を感じ取って、豊かな表現で歌ったり演奏の工夫をしたりすることができるようにする。	冬げしき	7	○					○							○
世界の音楽に親しもう	各国の音楽の特徴の違いを感じ取りながら、世界の音楽に親しむようにする。		6										○			○
和音を意識して表現しよう	和音の変化、和音の響きを感じ取って聴いたり演奏の仕方を工夫したりする。		5						○							○
曲想を感じ取って表現しよう	曲想や歌詞の内容を感じ取って、イメージを豊かに聴いたり表現の仕方を工夫したりすることができるようにする。	スキーの歌	6		○											○
日本の音楽に親しもう	日本の歌曲、民謡等の歌詞や旋律や声の特徴を感じ取って、美しさを味わって取ることができるようにする。	子もり歌	6		○											○
音楽をつくろう	情景やイメージ等を、音や音楽で創りあげることができるようにする。		8							○	○					○

第6学年 年間指導計画

〈第5、6学年の目標〉
(1) 創造的に音楽にかかわり、音楽活動への意欲を高め、音楽経験を生かして生活を明るくするものにする態度と習慣を育てる。
(2) 基礎的な表現の能力を高め、音楽表現の喜びを味わうようにする。
(3) 様々な音楽に親しむようにし、基礎的な鑑賞の能力を高め、音楽を味わって聴くようにする。

題材名	題材のねらい	共通教材 (共通教材以外の教材は、題材に見合うものを教科書等から選び、記入することが望ましい)	時数のめやす	歌唱 ア	イ	ウ	エ	器楽 ア	イ	ウ	エ	音楽づくり ア	イ	鑑賞 ア	イ	ウ	[共通事項] ア	イ
ひびきの美しさを感じ取って表現しよう	音色や旋律と低音等の響きの美しさを感じ取って、聴いたり演奏の仕方を工夫したりすることができるようにする。		7											○			○	○
心をあわせて演奏しよう	友達と気持ちを合わせて、心をこめて表現する喜びを味わうようにする。		6					○									○	○
音の重なり合いを聴いて表現しよう	重なり合う声や音の響き、旋律の特徴を聴き取って、豊かな表現で歌ったり演奏の工夫をしたりすることができるようにする。		6		○		○										○	○
世界の音楽に親しもう	各国の音楽の特徴の違いを感じ取りながら、世界の音楽に親しむようにする。		6												○		○	○
和音を意識して表現しよう	和声の変化、和音の響きを感じ取って聴いたり演奏の仕方を工夫したりすることができるようにする。	ふるさと	6				○										○	○
曲想を感じ取って表現しよう	曲想や歌詞の内容を感じ取って、イメージ豊かに聴いたり表現の仕方を工夫したりすることができるようにする。	おぼろ月夜 われは海の子	7		○									○			○	○
日本の音楽に親しもう	日本の歌曲、民謡等の歌詞や旋律の特徴を感じ取りつつ、美しさを味わうようにする。	越天楽今様	5												○		○	○
音楽をつくろう	情景やイメージ等を、声や音楽で創りあげることができるようにする。		7									○	○				○	○

おわりに

　私を呼んでいただいた研修会では，本書で述べた様な指導のネタを，笑いのある実践を通して先生方に体験していただきます。そして，体験していただいた後で，理論づけて説明します。実践から理論を導く，という方法です。体験することによって，子どもの気持ちを理解していただける様にも，心がけています。例えばAとB二人の先生の指示の出し方を，私がモデルになって演じてみて，どちらの先生が子どもに伝わる言い方をしたでしょうか？というような方法もとっています。

　またそのような研修会では，私の「弾き語りライブ」のような方法で，参加されている先生方と歌い，盛り上がり，理屈抜きに音楽って本当に楽しい！と実感していただくコーナーを必ず取り入れています。私の教師時代の子どもたちの感想文やオペレッタのDVDなどを紹介し，生活科や総合的な学習と音楽科，学級づくりと音楽科，等の実践をご紹介したりもします。

　このような研修会の後で，先生方からお手紙やメールをいただくこともあり，それは私の宝物となっています。

　本書のいたるところにちりばめました「音楽科は楽しく，信頼あるクラスづくりにつながる教科だ」というコンセプトは，私が学生時代からやっているバンド活動（ビートルズのファンです）で得たものかもしれません。このようなコンセプトを土台に，音楽授業のアイデアを示してきました。「ピアノが弾けなくても，ほんの少しの工夫で，楽しくて信頼関係が生まれるような音楽授業ができる！」ということを本書では紹介したかったのです。このことが結果的には，音楽が大好きで豊かな心を持った子どもが育つことにつながれば望外の喜びです。

　本書を手にしていただいた皆様に感謝申し上げます。
　また，ご覧になってのご質問，ご意見等，遠慮なくお寄せいただけました

ら幸いです。必ずお返事いたします。また，どんな遠方の方であろうともご相談に応じます。共に考えましょう。

【連絡先】
●勤務先
　〒669-1342　兵庫県三田市四ツ辻1430　湊川短期大学
●自宅
　〒669-4321　兵庫県丹波市市島町上垣1090-1
●メール
　bjb-takami@guitar.ocn.ne.jp

皆様と，よりよいネットワークづくりができることを，心より望んでおります。また，各地で講演や講習会も行っておりますので，ぜひご連絡いただけたらと思います。

【講演のなかみ】
　小学校音楽科指導法の講演では，合奏・歌唱・音楽づくり・鑑賞の指導方法について，実践と理論を融合させて，即使えるネタも紹介しながら楽しく講義しています。
　幼児音楽の講演では，わらべうた，絵かき歌，絵本のＢＧＭ，手づくり楽器，音楽ゲームなどを取り入れ楽しみながら学習を進めています。また，童謡，アニメソング，コードネームを利用したＰＯＰＳの弾き語り等も教材にしています。
　現場経験から得たことを基盤に，小学校の学級づくり，保幼小の連携についても実例を交えて講演しています。「楽しみながら学ぶこと」「できなかったことができるようになること」「実践と理論を結びつけて」，これが私の講演のコンセプトです。

【講演・講習会・コンサート等の講師としてできること】　＊全て,会場へ出向きます
●音楽科授業，音楽活動の保育，音楽会前の指導
　・小学校音楽科授業づくり，音楽遊び，保育内容「表現」の講習会
　　（小学校・幼稚園教諭，保育士対象）
　・子どもの合奏・歌唱指導の実際
　　（小学校・幼稚園教諭，保育士対象）
　・遊んで歌えるライブ形式の講習会　〜童謡からビートルズまで〜
　　（小学校・幼稚園教諭，保育士，保護者対象）
●学級づくり（小学校）
　・実践に基づく学級づくり講習会　〜新人の先生の力量アップ〜
　　（小学校教諭対象）
　・実践に基づく学級づくり講習会　〜子どもを見極める，しかり方・ほめ方，指導の開発〜
　　（小学校教諭対象）
●保幼小連携，幼児教育
　・教育的な発想・働きかけとは
　　（幼稚園教諭，保育士対象）
　・保育所・幼稚園・子ども園・小学校の連携
　　（小学校・幼稚園教諭，保育士対象）

　最後になりましたが，このような機会を与えて下さいました明治図書出版様，企画から出版まで様々なアドバイスをいただきました同社　木村悠様にこの場をお借りしてお礼申し上げます。
　ありがとうございました。

2010年4月

高見　仁志

【著者紹介】
高見　仁志（たかみ　ひとし）
兵庫教育大学大学院学校教育研究科修了（学校教育学修士）。兵庫県公立小学校教諭（18年間），湊川短期大学専任講師を経て，現在，湊川短期大学幼児教育保育学科 准教授。
兵庫教育大学，佛教大学，神戸女子大学，相愛大学でも，音楽教育法，学級経営等の教育実践論を中心に教鞭をとる。

〈共著書〉
『実践しながら学ぶ　子どもの音楽表現』保育出版社，2009年3月
『幼児の音楽教育法―美しい歌声をめざして―』ふくろう出版，2009年5月
『小学校音楽科教育法―学力の構築をめざして―』ふくろう出版，2010年3月

担任・新任の強い味方!!
これ1冊で子どももノリノリ
音楽授業のプロになれるアイデアブック

2010年5月初版刊	©著　者	高　見　仁　志
2025年4月19版刊	発行者	藤　原　久　雄
	発行所	明治図書出版株式会社
		http://www.meijitosho.co.jp
		（企画・校正）木村　悠
		〒114-0023　東京都北区滝野川7-46-1
		振替00160-5-151318　電話03（5907）6703
		ご注文窓口　電話03（5907）6668
＊検印省略	組版所	広　研　印　刷　株　式　会　社

本書の無断コピーは，著作権・出版権にふれます。ご注意ください。

Printed in Japan
JASRAC 出 1003269-519

ISBN978-4-18-714412-2

小学校 新学習指導要領の展開 音楽科編

佐藤日呂志　坪能由紀子　編著　【図書番号 8387　A5判　1995円】

新学習指導要領音楽科の完全ナビ＆ガイド！〔共通事項〕の位置付け方、鑑賞や音楽づくりを活性化させる方法など、注目の内容に、具体的なアイデアとともにせまります。年間指導計画作成例、授業展開モデルも盛り込み、新学習指導要領を生かした音楽科の授業づくりにかかせない1冊です。

わかるからおもしろい！ 音楽力がアップする授業レシピ ～おいしいドルチェをどうぞ～

髙倉弘光　著　【図書番号 7715　B5判　2478円】

とっておきのゲーム集、体を使った楽典、ポジティブな鑑賞、あっという間にできる音楽づくり、他教科とのコラボ…。新学習指導要領に対応しながらも、楽しく音楽の力が身につく活動を多数収録。教師の発問や活動状況にそって紹介され、授業の流れがバッチリつかめる1冊です。

ブルー・アイランド名曲事典 運命からピーターと狼まで

青島広志　著　【図書番号 7005　A5判　2058円】

おなじみブルー・アイランド、こと青島広志先生が、クラシックの名曲を全時代から50曲選び出し独特の語り口で解説をいれます。演奏・歴史・文学・美術、あらゆる視点からせまる内容は、今聴く曲がどんな曲なのか知りたい時に必携のガイド！これまでの楽曲解説書とは一味違った1冊です。

小学校新任教師が知りたい指導のノウハウ 楽しい学級をつくる 音楽イベント12か月

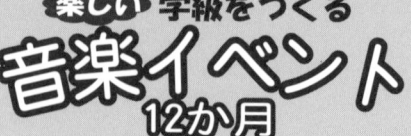

谷中優　著　【図書番号 7801　B5判　2373円】

「楽しいクラスをつくりたい！」1年間の活動に音楽イベントを盛り込めば、学級開き、友だちづくり、団結力アップ等々、クラスづくりが成功すること間違いなし。月別に、音楽イベント実施の流れ、ポイントやアドバイスをくわしくご紹介。新任の先生の心強い味方になる1冊です。

明治図書　携帯からは明治図書MOBILEへ　書籍の検索、注文ができます。▶▶▶
http://www.meijitosho.co.jp
＊併記4桁の図書番号（英数字）でHP、携帯での検索・注文が簡単に行えます。
表示価格は税込です。
〒170-0005　東京都豊島区南大塚2-39-5　ご注文窓口　TEL 03-3946-5092　FAX 03-3947-2926